"EL ACOMODADOR"

ROSARIO FERRÉ

"EL ACOMODADOR"
Una lectura fantástica de Felisberto Hernández

FONDO DE CULTURA ECONÓMICA
MÉXICO

Primera edición, 1986

323368

ISBN 968-16-2266-9

Impreso en México

A mi hijo BENIGNO, por la ficción inevitable de la crítica

De todos instrumentes yo, libro, só pariente:
bien o mal, quál puntares, tal diré, ciertamente;
quál tú dezir quesieres, y faz punto e tente;
si puntarme sopieres siempre me abrás en miente.

ARCIPRESTE DE HITA, *Libro de Buen Amor*

I. FELISBERTO HERNÁNDEZ: UN FRACASO BIENAVENTURADO

A LOS ojos de la mayor parte de sus contemporáneos, Felisberto Hernández fue un fracasado, tanto en su vida personal como en su profesión de escritor. Sus cuatro matrimonios finalizaron en el divorcio; su obra fue marginada e ignorada, tanto en el Uruguay como en Hispanoamérica, por los críticos literarios de su país. Contar la historia de su vida es hacer la radiografía de estos fracasos que, lejos de descorazonarlo, le sirvieron de puerta para entrar a los temas que lo obsedían: la soledad, la enajenación y la incomunicación del hombre moderno.

Felisberto nació en Montevideo en 1902. Un año después subió al poder el presidente José Battle y Ordóñez, caudillo "iluminado" bajo cuyo mandato el Uruguay gozó, durante tres décadas, de una estabilidad económica, legislativa y social que no volvió a experimentar en mucho tiempo. En este ambiente idílico de un Montevideo de quintas sembradas de glicinas y antiguas mansiones de balcones, la época de oro del Uruguay, Felisberto pasó su niñez y se educó.

La familia de Felisberto fue una familia de emigrantes canarios de clase media baja, cuyo ambiente de cursilería y mal gusto él evocó con ironía y ternura en muchos de sus cuentos. Su abuelo materno fue jardinero (a su abuela materna, que pertenecía a una de las familias patricias de Montevideo, la desheredaron por casarse con él); y su padre, plomero. A los nueve años, Felisberto comenzó a estudiar piano con Celina Moulé, francesa amiga de la familia que retrató luego en *El caballo perdido*. A los doce tocaba música de fondo en los cines mudos de Montevideo, para contribuir al presupuesto familiar. Su padre murió relativamente joven, lo que contribuyó a que el hogar de los Hernández, constituido por cuatro hermanas y la madre, no alcanzara nunca solidez económica. Esta misma precariedad le imposibilitó a Felisberto ingresar a la universidad, y su educación fue la de un autodidacta.

En 1920 conoció a Clemente Colling, organista ciego y artista de cierto renombre en Montevideo, quien le dio clases de harmonía y luego se mudó a vivir con la familia Hernández. En 1926 el autor ofreció, en la ciudad provinciana de Mercedes, su primer concierto. De 1926 a 1939 anduvo dando tumbos en excursiones artísticas por los pueblos del interior, en los que tocaba casi siempre música del siglo xix, Chopin, Albéniz, Manuel de Falla, así como algunas versiones adaptadas de Stravinsky. Intentó, durante este periodo, ganarse la vida dando representaciones en los casinos y en los cafés de provincia, y las angustias y penalidades de entonces le sirvieron posteriormente de material para sus cuentos. Escribió esporádicamente y publicó, en pequeñas imprentas de provincia (gracias al mecenazgo de algunos amigos), las obras de su primera época: *Fulano de tal, Libro sin tapas, La cara de Ana,* y *La envenenada.*[1]

Felisberto le dedicó al filósofo uruguayo Carlos Vaz Ferreira su *Libro sin tapas.* Cuando publicó su primer folleto, *Fulano de tal,* Vaz Ferreira, quien era ya una figura de renombre internacional, había hecho un comentario sorprendente: "Posiblemente no haya en el mundo más de diez personas a las cuales les resulte interesante [la obra de Felisberto], y yo me considero uno de los diez".[2] Durante estos años Felisberto participó, en la quinta de Vaz Ferreira, de sus veladas artísticas, y asistió a su Cátedra de Conferencias en la Universidad Montevideana.[3] Ni la amistad ni el apoyo de Vaz Ferreira, sin embargo, le ayudaron a aliviar su penuria económica, y siguió ganándose la vida como pianista de café. En 1925 se casó con María Isabel Guerra, su primera esposa; un año después se separó de ella y regresó a vivir con su madre.

Su segundo matrimonio tomó lugar en 1932, esta vez con Amalia Nieto, conocida pintora surrealista uruguaya, y se mudó a vivir con la familia Nieto. Su esposa le instaló una librería en los bajos de la casa, llamada

[1] El orden cronológico de publicación de las primeras ediciones de las obras de Felisberto es el siguiente: *Fulano de tal* (1925), J. Rodríguez Riet; *Libro sin tapas* (1929), Rocha, Imprenta de Palabra; *La cara de Ana* (1930), Mercedes; *La envenenada* (1931), Florida; *Por los tiempos de Clemente Colling* (1942), Montevideo, González Pánizza; *El caballo perdido* (1943), Montevideo, González Pánizza; *Nadie encendía las lámparas* (1947), Buenos Aires, Sudamericana; *La casa inundada* (1960), Montevideo, Alfa; *Tierras de la memoria* (1965), Montevideo, Arca; *Diario de un sinvergüenza* (1974), Montevideo, Arca.

[2] Norah Giraldi de Dei Cas, *Felisberto Hernández, el creador y el hombre* (Montevideo, Ediciones de la Banda Oriental, 1975), p. 47.

[3] Vaz Ferreira es en ese momento la figura predominante en el panorama intelectual del Uruguay. Predica el positivismo en cuanto prescinde de todo apriorismo metafísico admitiendo sólo el método de la lógica experimental y de la comprobación empírica. En psicología sus ideas se acercan a la corriente del vitalismo y del intuicionismo.

"El Burrito Blanco", pero el negocio pronto dio en la quiebra. Se divorció de Amalia en 1943 y se fue a vivir a casa de su hermano en Mercedes, donde escribió *Por los tiempos de Clemente Colling* y el relato "El balcón".

La publicación de *Colling* en 1942 marcó un momento importante en su carrera: recibió su segundo espaldarazo crítico, esta vez proveniente de Jules Supervielle, el poeta franco-uruguayo que se encontraba refugiado por aquel entonces en el Uruguay.[4] Poco a poco fue abandonando el piano hasta dedicarse por completo a la escritura. Conoció por estos años a Paulina Medeiros, escritora uruguaya, y se trasladó a vivir a su casa. En ese antiguo caserón de balcones y ventanales de colores escribió *El caballo perdido*, su segundo libro importante. (Tanto este libro como el anterior fueron publicados en oscuras editoriales de provincia, en ediciones de 100 a 200 ejemplares.)

A partir de 1942 Felisberto abandonó definitivamente el piano y se dedicó exclusivamente a la literatura. Este fue un periodo productivo para él: no sólo publicó *Por los tiempos de Clemente Colling*, y un año más tarde *El caballo perdido*, sino que, en 1944, comenzó *Tierras de la memoria*.[5] Por estos años se hizo también asiduo colaborador del diario *El Plata*, de Montevideo, donde publicó casi todos los cuentos de su primera época.[6]

En 1946, Felisberto tuvo un golpe de suerte: su amigo Supervielle le consiguió una beca del gobierno francés para visitar París, donde habría de permanecer dos años.[7] En su libro *Felisberto Hernández y yo*, Paulina Medeiros ofrece una descripción reveladora de lo que significó para él esta estadía en Francia.[8]

La personalidad solitaria de Felisberto, su empecinada vocación de individualista, salen a relucir en estas apasionadas páginas biográficas. Paulina cuenta cómo, a pesar de las enormes posibilidades de enriquecimiento cultural que le ofrecía la "ciudad luz", Felisberto permaneció enclaustrado

[4] El espaldarazo de Supervielle le llega en la forma de una carta, que Felisberto incluye en la primera edición de *Por los tiempos de Clemente Colling* (Montevideo, González Pánizza Hnos., 1942).

[5] Giraldi de Dei Cas, p. 69.

[6] En 1943 aparece su primer cuento publicado por la prestigiosa revista *Sur*, de Buenos Aires: "Las dos historias". En 1945 aparece su relato "El balcón", en el suplemento literario de *La Nación*, también de Buenos Aires.

[7] Giraldi de Dei Cas, p. 70.

[8] Paulina Medeiros, *Felisberto Hernández y yo* (Montevideo, Biblioteca de Marcha, 1974).

durante meses en su pequeño hotel de la Rue Rollin. No intentó relacionarse con los movimientos literarios franceses y permaneció ajeno a todo tipo de preocupación política. La Francia de la época se encontraba despedazada por la ocupación alemana, las huelgas y los movimientos sindicales, pero Felisberto parece no enterarse. Cuando sale por fin de su hotel, es para refugiarse en el castillo de un amigo de Supervielle donde escribió, rodeado por una paz y una tranquilidad sorprendentes para los tiempos que corrían, la primera versión de *Las Hortensias,* así como varias versiones de *La casa inundada* y "El cocodrilo".[9]

Las cartas que le escribe a amigos y familiares desde París, por otra parte, son testimonio tanto de sus estrecheces económicas como de su glotonería. "Felizmente", le dice a su madre, "en el Barrio Latino las papas son más baratas (8 francos el kilo) y un pollo con papas sólo cuesta 75 francos".[10] En otra carta relata cómo se cocina las propias comidas en su habitación, lavando luego los platos en el bidet.[11] Felisberto era famoso por sus pantagruélicos banquetes parisinos. Solía comerse dos docenas de huevos fritos de un tirón, lo que constituía una hazaña gastronómica adecuada a sus frugales medios.

El patronazgo de Supervielle y el apoyo de los amigos franceses le alcanzaron, luego del primer año de exilio, un éxito literario relativo, y en 1947 fue homenajeado en el Pen Club de París. En 1948 Supervielle lo presentó en la Sorbonne en términos muy elogiosos, y escuchó allí uno de sus cuentos traducido al francés y leído en voz alta.[12] Poco después se publicó en *La Lincorne* una traducción de su relato "El balcón", y una traducción de "El acomodador" en la revista *Points*.[13] Gracias, en parte, a este reconocimiento que se le hizo en la capital francesa, Roger Caillois logró gestionar en Buenos Aires, en 1947, la salida de *Nadie encendía las lámparas* (su primera colección de relatos verdaderamente fantásticos).[14] El libro fue consagrado por la Cámara del Libro Argentino entre los mejores de la temporada, pero sus ventas fueron escasas.

Felisberto regresó al Uruguay a fines de 1948, para descubrir que su éxito literario parisiense no le había asegurado, como él pensaba, la su-

---

[9] Giraldi de Dei Cas, p. 71.
[10] *Ibid.,* p. 88.
[11] *Ibid.,* p. 93.
[12] *Ibid.,* pp. 72-73.
[13] *Ibid.,* p. 73.
[14] *Ibid.,* p. 70.

pervivencia. Sus amigos le consiguieron un empleo aburrido en Control de Radios, donde su labor consistía en escuchar programas y tomar en una planilla los títulos de las diversas audiciones, su duración y su carácter (si eran folklóricas, típicas, etc.). Seguía en la miseria (ganaba un sueldo de 70 dólares semanales, que escasamente le daba para comer), pero esto no le impidió contraer matrimonio por tercera vez. En 1949 se casó con una modista española, María Luisa de las Heras, pero esta unión se deshizo al año siguiente y Felisberto regresó a vivir con su madre. En 1955 Vaz Ferreira, así como otras personalidades de la época, solicitaron, por nota firmada de las autoridades burocráticas, "un sitio de labor digno para que sea continuo el proceso de su creación", pero el proyecto quedó archivado en las carpetas del Palacio Legislativo.

En 1954 Felisberto contrajo matrimonio por cuarta vez, en esta ocasión con una mujer de medios, la profesora y escritora Reina Reyes. Reina le consiguió un empleo de taquígrafo en la Imprenta Nacional, cargo que desempeñó hasta su muerte. El matrimonio se instaló en el sótano de la casa de la familia Reyes, donde Felisberto escribió *Diario de un sinvergüenza,* su última obra. Este matrimonio también fracasó, sin embargo, y se divorció de Reina Reyes en 1958.

En 1956 tomó lugar un suceso controversial: Felisberto participó en unas audiciones radiales organizadas por el Movimiento de Trabajadores de la Cultura, organización que agrupaba por aquel entonces a numerosos escritores de renombre en una lucha cuyo objetivo principal era la erradicación del pensamiento marxista-leninista en el Uruguay. En estos programas Felisberto defendió su ideal de "libertad incondicionalmente suprema". Hablaba siempre sobre la necesidad de la libertad en el arte, y sobre la defensa del individualismo, pero las funciones en general tenían un carácter fascistoide, y sus intervenciones le ganaron el desprecio de buena parte de los escritores de la Generación Crítica.

Conoció algunos años después de esto a María Dolores Roselló, con quien proyectaba un nuevo matrimonio. En 1960 salió publicada en Montevideo *La casa inundada.* Fue el único libro de Hernández que se vendió bien, aunque sus réditos no fueron suficientes para librarlo de la pobreza. Murió en 1964 de leucemia aguda, sin haber recibido su obra, ni en el Uruguay ni en Hispanoamérica, el reconocimiento que le era debido.

Felisberto Hernández fue, en fin, un individualista y un excéntrico, personaje tan extraño como los personajes que habitan sus cuentos. Fue un hombre aniñado y glotón, que tenía una capacidad sorprendente para suscitar una gran ternura en las mujeres, aunque luego les hacía la vida imposible. El libro de Paulina, así como los esfuerzos de Amalia por instalarlo en la librería "El Burrito Blanco", o los de María Luisa por alimentarlo a fuerza de sus costuras, o los de Reina Reyes por colocarlo de taquígrafo, son testimonio de cómo las mujeres se enamoraban de él, llevándoselo a vivir con ellas a los sótanos de sus casas familiares, donde hacían todo lo posible por mantenerlo y protegerlo. Los idilios de Felisberto demuestran, en la superficie al menos, un cariz ingenuo y maternal, que contrasta extrañamente con las pervertidas relaciones de las parejas de sus cuentos.

Estar en el mundo, formar parte de él, fue siempre para Felisberto un "misterio". La literatura fue el instrumento principal del cual se sirvió para examinar las diversas caras de ese "misterio", así como las del fracaso del que fue a menudo la víctima. Aunque es necesario reconocer que, en el caso de Felisberto, ese fracaso fue un fracaso bienaventurado, ya que lo inspiró a crear su obra.

LA VANGUARDIA DE UN HOMBRE SOLO: FELISBERTO COMO ESCRITOR FANTÁSTICO [15]

Cuando pensamos en el cuento fantástico hispanoamericano moderno, pensamos de inmediato en la cuentística rioplatense, en Horacio Quiroga, Adolfo Bioy Casares, Jorge Luis Borges, y Julio Cortázar. Felisberto puede verse hoy como el hermano bastardo, la estrella aún relativamente desconocida de esa constelación.

La tradición fantástica del relato platense se inicia a comienzos de siglo, en el Uruguay. Los críticos Zum Felde y Rodríguez Monegal, entre otros, concuerdan en que Horacio Quiroga introdujo este tipo de relato, no sólo al Uruguay, sino al continente. Quiroga se inicia como un escritor fantástico-romántico, con la publicación de "El crimen del otro", "Los perseguidos" y otros relatos. En este primer periodo, Quiroga evidencia una influencia muy grande de Poe, cuyo relato "El tonel del amontilla-

[15] De ahora en adelante nos referiremos a las obras de Felisberto Hernández de la siguiente manera: FT por *Fulano de tal*; LST por *Libro sin tapas*; LCA, por *La cara de Ana*; LE por *La envenenada*; CC por *Por los tiempos de Clemente Colling*; ECP por *El caballo perdido*; NELL por *Nadie encendía las lámparas*; LCI por *La casa inundada*; LH por *Las Hortensias*; TLM por *Tierras de la Memoria*; DS por *Diario de un sinvergüenza*.

do", le sirve de inspiración para "El crimen del otro". Los relatos de esta época se encuentran situados en la interioridad de la mente humana, y están casi todos narrados en primera persona.

En su segundo periodo, sin embargo, Quiroga vierte su obra hacia afuera. Ya en sus *Cuentos de amor, de locura y de muerte* (1917) sitúa el eje de la narración en la realidad comprobable por los sentidos y no en la interioridad de la experiencia humana. "La gallina degollada", por ejemplo, se encuentra narrado por un narrador omnisciente, en lugar de por un yo subjetivo, y sus técnicas tienen que ver más con el realismo y con el naturalismo que con las técnicas subjetivas de Poe. El relato retiene el clima poeiano de misterio, pero se encuentra enraizado en una realidad exterior concreta y para nada ambigua. Zum Felde señala este cambio hacia el realismo en la narrativa fantástica de Quiroga cuando dice:

> El cuentista platense se aparta de lo imaginativo extraordinario para operar con lo ordinario de la vida cotidiana de sus personajes, con lo exteriormente normal, desde sus primeros cuentos de ambiente bonaerense hasta los selváticos y misioneros. Busca lo extraordinario detrás de lo ordinario; lo misterioso dentro de lo aparentemente corriente.[16]

Este cambio en la narrativa de Quiroga no resulta sorprendente, dada la tendencia de la literatura uruguaya de la época hacia el realismo. En relatos posteriores como los *Relatos de Misiones, El salvaje, Cuentos de la selva, etc.*, Quiroga cultiva también el relato fantástico-realista, relacionado por un lado con la protesta social, y por otro con la descripción de las aterradoras fuerzas de la naturaleza amazónica.

Felisberto Hernández, sin embargo, no puede considerarse seguidor de esta tradición fantástico-realista iniciada por Quiroga. Fred Héctor Nieto ha señalado, en su estudio sobre Felisberto, que entre ambos autores no existe un sólo autor intermedio. Luego de Quiroga, la literatura fantástica desaparece por completo del Uruguay y los escritores se vuelven decididamente hacia el realismo.[17] Analizada desde su vertiente fantástica, la narrativa de Felisberto entronca más bien con la de los escritores fantásticos de la otra orilla del Plata, como Macedonio Fernández, Jorge Luis Borges, Adolfo Bioy Casares y Julio Cortázar.

[16] Alberto Zum Felde, *La narrativa en Hispanoamérica* (Madrid: Ediciones Aguilar, 1964), p. 294.
[17] Fred Héctor Nieto, "Felisberto Hernández y el cuento fantástico en el Uruguay", tesis doctoral en la Universidad de California, 1973, p. 20.

Estos narradores cultivan un tipo de cuento fantástico-subjetivo, marcado por el juego intelectual y por la fantasía, que tiene mucho en común con la narrativa de Hernández. Entre ellos, sin embargo, Felisberto sigue siendo un precursor, ya que su primer libro, FT (1925), antecede por varios años el primer libro de Macedonio Fernández, *No todo es vigilia la de los ojos abiertos* (de 1929), así como el primer libro de relatos fantásticos de Borges, *Historia universal de la infamia* (de 1935).[18] Bioy publica *La invención de Morel,* su primer libro, en 1940, y Cortázar publica *Bestiario* en 1951. En la obra de estos escritores, la crítica de la sociedad no ocupa ya, como en la del segundo periodo de Quiroga, un lugar tan obvio. Las técnicas de esta nueva narrativa fantástica rioplatense se encuentran enriquecidas por el ultraísmo, el creacionismo y el surrealismo. Su propósito es, como el de la obra de Felisberto, verter la narración hacia la interioridad del hombre.

No obstante estas coincidencias, el entronque entre Felisberto y los narradores fantásticos rioplatenses permanece como un entronque de sensibilidades afines, y no de influencias directas. Hernández no perteneció al movimiento de los escritores rioplatenses ni formó parte de sus cenáculos literarios. A diferencia de lo que sucedió con los escritores fantásticos argentinos, que alcanzaron rápidamente renombre internacional, Felisberto permaneció durante mucho tiempo en una oscuridad relativa. El día de su entierro, Ángel Rama se quejaba de que el mundillo literario del Uruguay se hubiese ocupado tan poco de él. Muy pocos escritores asistieron al sepelio y la prensa le dio escasa importancia. Según el testimonio de Rama (uno de los pocos críticos presentes), fue un evento sorprendentemente felisberteano: a la hora de sacar el ataúd por la puerta, se descubrió que ésta era demasiado estrecha, y fue necesario sacar al difunto por la ventana. "Resulta casi increíble", escribe Rama poco después en la revista *Marcha,* "que sobre su cadáver deba pelearse esta afirmación: ha muerto uno de los grandes narradores del Uruguay, de los más originales, auténticos y talentosos".[19]

La marginación de la obra de Felisberto en el Uruguay se debió en

[18] A pesar de que sólo los cuentos del tercer periodo de Felisberto pueden leerse como fantásticos, y de que la publicación del primer volumen de éstos, NELL, data de 1947, los relatos de su primer periodo poseen ya ciertas características típicas del relato fantástico. En este sentido, Hernández puede considerarse un precursor del género.

[19] Ángel Rama, "Burlón poeta de la materia", *Marcha* 25, núm. 1190, 17 de enero de 1964, pp. 30-31.

parte al hecho de que las literaturas experimentales han tenido tradicionalmente pocos adeptos en ese país. Hasta NELL, publicado en 1947 por Sudamericana, todos sus libros (costeados por sus amigos) se publicaron en ediciones estrafalarias, en editoriales desconocidas de Montevideo y del Centro del Uruguay. La corriente constante de la literatura uruguaya ha sido el realismo, en tanto que los movimientos de vanguardia, que llegaron a Hispanoamérica alrededor de la década del veinte, fueron siempre débiles y de poca resonancia.[20] Prueba de esto fue la escasa difusión de las revistas experimentales uruguayas aparecidas en aquella época: *La Pluma, La Cruz del Sur* y *Teseo,* que dirigió y creó Julio P. Casal. "Ninguna era, francamente, órgano de batalla", dice Zum Felde, "a pesar de que en ellas se promovían el sentimiento de la irracionalidad, el deseo de la experimentación, y la espontaneidad, elementos todos de moda en la vanguardia europea".[21] En realidad, como dice Carlos Martínez Moreno, el movimiento de vanguardia en el Uruguay fue el "movimiento de un hombre solo", y ese hombre fue Felisberto Hernández. Felisberto fue "una vanguardia sin retaguardia, una exploración a título y riesgo totalmente personales, y en ello radica su originalidad".[22]

Para cuando Felisberto publica su primer libro, en 1925, FT, la narrativa uruguaya reaccionaba ya violentamente contra la tónica vanguardista, y se lanzaba con bríos renovados hacia los temas del campo, sus favoritos desde siempre. Este nuevo movimiento, que se denominó criollismo o nativismo, no fue sino una continuación del poderoso movimiento realista uruguayo, iniciado en el siglo anterior por Carlos Reyles. Aparece Yamandú Rodríguez, amigo de Felisberto y compañero de sus correrías por el interior del país, con sus cuentos camperos *Bichito de luz* (de 1925), y con sus *Cuentos criollos* (de 1927); Montiel Ballesteros con sus *Cuentos uruguayos*;[23] y Vicente Salaverri con su *Este era un país* (de 1920). Tres escritores de gran importancia en el Uruguay comienzan también a publicar por esta época narrativa realista: Enrique Amorim publica su novela psicológico-social, *Tangarupá* (de 1925);[24] Francisco Espínola publica *Sombras sobre la tierra* (novela de bajos fondos sociales, de 1933);[25]

[20] Nieto, *op. cit.*, p. 32.
[21] *Idem.*
[22] Nieto, *op. cit.*, p. 37.
[23] *Ibid.*, pp. 37-38.
[24] Anderson Imbert, p. 279.
[25] *Ibid.*, p. 278.

y Juan José Morosoli publica *Los albañiles de los Tapes* (novela sobre los hombres de campo, de 1936).[26] La obra de estos escritores es regionalista y comprometida, y tiene su profunda raigambre social en la problemática de la tierra.

La narrativa de Felisberto irrumpió en este ambiente de literatura anticuada y solemne, que promulgaba una concepción sacra sobre la misión del escritor, como una carcajada irónica y enervante. El empeño lúdico y estetizante de una literatura intensamente personal, que rechazaba todo compromiso social evidente, se ganó de entrada muchos enemigos que, en consecuencia, decidieron en algunos casos atacarla, en otros ignorarla. La marginación de la obra de Felisberto en el Uruguay fue en parte el resultado de este conflicto inicial con el criollismo y el nativismo.

El desconocimiento de la obra de Felisberto tuvo, sin embargo, una segunda causa: la personalidad excéntrica y el profundo individualismo de su autor. En su "Explicación falsa de mis cuentos", Felisberto describe el proceso creador de la siguiente forma:

> En un momento dado pienso que en un rincón de mí nacerá una planta. La empiezo a acechar creyendo que en ese rincón se ha producido algo raro, pero que podría tener porvenir artístico. Sería feliz si esta idea no fracasara del todo.[27]

Como puede verse en este fragmento, la individualidad artística resultaba muy importante para Felisberto. Esto no resulta sorprendente: como autodidacta, era comprensible que atribuyera su capacidad creadora al instinto (o a lo que él llama "el misterio"), en lugar de a los conocimientos académicos que nunca tuvo. Esta actitud individualista fue en él algo vital, que lo llevó a negarse a formar parte de los grupos literarios de su época en la Argentina y en el Uruguay. Felisberto adoptó la excentricidad como su estilo personal, y en cierto momento hasta se negó a enviarle a Borges un relato suyo para la revista *Sur*.[28]

La afirmación de la individualidad artística como credo literario ha llevado a varios críticos hispanoamericanos a subrayar la importancia de la influencia del vanguardismo en la obra de Felisberto. El problema de si

---

[26] *Ibid.*, p. 279.

[27] José Pedro Díaz, "Una conciencia que se rehúsa a la existencia", en TLM, vol. IV, *Obras completas de Felisberto Hernández* (Montevideo, Arca, 1967), p. 103.

[28] Giraldi de Dei Cas, pp. 21-22.

el vanguardismo tuvo o no ingerencia en ella ha tomado hoy las dimensiones de un estéril debate internacional. Las opiniones son a menudo caldeadas y contradictorias, pues lo que se está discutiendo es en realidad el "hispanoamericanismo vs. el europeísmo" de Felisberto, como si ello le añadiera o le restara a su obra valor u originalidad. Norah Giraldi, por ejemplo, opina que, antes de su viaje a. París en 1946, Felisberto conocía ya sin duda los movimientos europeos del dadaísmo y del surrealismo.[29]

Fred Héctor Nieto sostiene que Felisberto definitivamente no conoció el surrealismo hasta su visita a París en 1940. Nieto apoya su conclusión en el hecho que la publicación de FT precede por un año la publicación, en 1924, del *Primer manifiesto surrealista,* de André Breton, y por ello el parentesco de Felisberto con ese movimiento es más bien "coincidental y no de influencias".[30] Francisco Lasarte, por otro lado, señala que si bien es cierto que "las innovaciones de la literatura europea llegaban a la región platense con mucha prontitud, y la relación tradicional que ha existido siempre entre la literatura hispanoamericana y la francesa señalaría el Surrealismo como el movimiento más indicado a tener influencias sobre Hernández. . ."[31] no es menos cierto que "los puntos de contacto con el Surrealismo aparentan ser mayormente coincidencias, insuficientes para catalogar a Felisberto Hernández como surrealista o describirlo como seguidor de esta ideología".[32]

Ángel Rama coincide inicialmente con la interpretación de Felisberto "ingenio lego" que sostiene Nieto, y se encuentra convencido de que tuvo escaso contacto con las corrientes de vanguardia. El creacionismo de Felisberto, dice Rama, le nace intuitivamente, "por contacto con el ambiente", y sin estar en relación directa con los movimientos de los "ismos".[33] En su ensayo "La constelación de los renovadores", sin embargo, Rama se refiere a ciertos elementos que aproximan a Felisberto a los escritores surrealistas de los "años locos". Es entre estos autores, dice (Macedonio Fernández, Jorge Luis Borges, Jorge Félix Fuenmayor, José Blanco, Ál-

[29] *Ibid.,* p. 69.
[30] Nieto, *op. cit.,* p. 37.
[31] Francisco Lasarte, *Artistic Trajectory and Emergent Meaning in the Fiction of Felisberto Hernández,* tesis doctoral en Princeton, 1979, p. 128.
[32] *Ibid.,* p. 119.
[33] Ángel Rama, notas del curso "La literatura de Felisberto Hernández y Juan Carlos Onetti", celebrado en la Universidad de Puerto Rico, verano de 1971.

varo Cepeda Samudio, Gabriel García Márquez y Julio Garmendia), entre los que hay que situar finalmente a Felisberto Hernández.[34]

Otros críticos difieren de la opinión de Lasarte y Rama, y afirman que el surrealismo constituye una influencia directa en la obra de Hernández. Tanto Alberto Zum Felde, como Carlos Martínez Moreno y Julio Cortázar, califican la obra de Hernández como indudablemente surrealista.

FELISBERTO Y LA GENERACIÓN CRÍTICA [35]

El pensamiento de los escritores de la Generación Crítica (conocida también como la generación de *Marcha*, o del '40 en el Uruguay) contrastó agudamente con el pensamiento de Felisberto. La Generación Crítica fue una generación de escritores comprometidos que, tal y como se lo propuso Onetti, dirigió su esfuerzo crítico hacia "una sociedad sin moral, sin principios y sin justicia rectora".[36] Felisberto, escritor intensamente personal, no demostró jamás un interés por los criterios "de responsabilidad político-social" de esta generación.

En *La Generación Crítica,* Ángel Rama establece una comparación entre Felisberto Hernández y Juan Carlos Onetti, que resulta útil para comprender la distancia que media entre la actitud vanguardista e individualista del primero y el compromiso político-existencial del segundo. "Para usar la socorrida fórmula", dice Rama, "a Onetti le duele esa nueva sociedad que él es el primero en describir [el Uruguay desgarrado por los conflictos políticos y sociales de la post-guerra], instalándose valerosamente en la inmediatez del presente, en el centro de la problemática política y ética de su tiempo".[37] Rama señala, sin embargo, que la filosofía existencial de Onetti tiene puntos de contacto con la filosofía existencial de Felisberto, ya que para ambos el tema de la angustia del hombre moderno constituye uno de los temas principales:

[34] Ángel Rama, "Felisberto Hernández, la constelación de los renovadores", *Capítulo Oriental,* Fascículo 29 (Buenos Aires, Centro Editor de América Latina, 1968), p. 449.

[35] Rama incluye, en la Generación Crítica, a José Pedro Díaz, Clara Silva, Juan Carlos Onetti, Roberto Fábregas, Eliseo Salvador Porta, Rubén Cotelo, Armonía Somers, Arturo Sergio Visca, Mario Benedetti, Idea Vilariño, Emir Rodríguez Monegal, Ida Vitale, Carlos Martínez Moreno, entre otros. Ángel Rama, *La Generación Crítica 1939-1969* (Montevideo, Arca, 1972), pp. 28-29.

[36] *Ibid.,* p. 93.

[37] *Idem.*

El reconocimiento minucioso, concreto, del sistema de relaciones humanas que comporta [Onetti] y que él cumple con tensa objetividad, se empalma con la angustia por el mundo perdido [ese Uruguay de la época de oro que evoca Hernández en sus cuentos], con la remanencia lírica de sentimientos que ahora devienen misterios — pertenecientes al pasado, es decir, a esa infancia y adolescencia que se gestó a lo largo de los años veinte. Ese tiempo pasado será registrado como el universo de la cosificación en la literatura de Felisberto Hernández, cuyos títulos mayores se escalonan en la década del cuarenta, en tanto que Onetti, aunque partiendo secretamente de la lamentación por el tiempo abolido, se enfrenta a las formas del presente, más rudas y más desoladas, esforzándose por hacerse adulto, aceptando el cinismo, la crueldad, la promiscuidad erótica y el debate ideológico moderno.[38]

Al enfrentarse a la obra de Felisberto, la Generación Crítica se divide en dos bandos: los que la alaban y los que la critican. Entre los primeros se encuentran Ángel Rama, Juan Carlos Onetti, Mario Benedetti, Arturo Sergio Visca, Ida Vitale y Rubén Cotelo. Onetti lo llama "uno de los más importantes escritores de su país".[39] Arturo Sergio Visca [40] e Ida Vitale alaban la originalidad de su estilo, "para muchos pobre, incorrecto y distraído", dice Ida Vitale, pero que tiene las "virtudes del rigor y de la búsqueda orientada".[41]

Los que se sitúan escépticamente frente a la obra de Felisberto son Emir Rodríguez Monegal, y, al comienzo, Carlos Martínez Moreno. Monegal, una vez más enfrentado a Rama en uno de los "rounds" de ese combate pugilístico que ha constituido la vida de ambos críticos, expresa desde 1947 su opinión adversa sobre Felisberto en la revista uruguaya *Clinamen*.[42] No sólo le reprocha sus incorrecciones estilísticas y gramaticales, sino que lo acusa de inmadurez artística, emocional y sexual:

Porque ese niño no maduró jamás. No maduró ni para la vida, ni para el pensamiento; no maduró para el arte, ni para lo sexual. No maduró

[38] *Idem.*

[39] Juan Carlos Onetti, "Felisberto el naïf", *Cuadernos Hispanoamericanos,* núm. 302 (agosto de 1975), p. 257.

[40] Arturo Sergio Visca, "Felisberto Hernández, 1902", en *Antología del cuento uruguayo contemporáneo* (Montevideo, Rex, 1962).

[41] Ida Vitale, "TLM, cielo de tiempo", *Crisis,* núm. 18 (1974), p. 6.

[42] Emir Rodríguez Monegal, "NELL, Felisberto Hernández", Buenos Aires, Editorial Sudamericana, 1947, *Clinamen,* 2, núm. 5 (mayo-junio de 1948), pp. 51-52.

para el habla. Es cierto que es precoz y se puede tocar con sus palabras...
la forma instantánea de las cosas. (Alguien afirma que es poesía.) Pero
no puede organizar sus experiencias, ni la comunicación de las mismas...
Toda su inmadurez, su absurda precocidad, se manifiesta en esa inagotable cháchara: cruzada (a ratos) por alguna expresión feliz pero impre-
cisa siempre, flácida siempre, abrumada de vulgaridades, pleonasmos, incorrecciones.[43]

Carlos Martínez Moreno expresa también una opinión desfavorable en
la revista *Número,* donde en 1964 se enfrenta a Rama, y a los elogios
que éste hace de la obra del autor poco después de su muerte. La técnica
literaria de Felisberto, dice Martínez Moreno, no es, como alega Rama,
una técnica sofisticada, "mediante la cual se descompone la realidad para
acercarla al sueño, a la pesadilla y al vértigo", sino que es el resultado
de las lamentables limitaciones culturales del autor. Felisberto, en la
opinión de Martínez Moreno, lo que se propone darnos no es otra cosa
que "el misterio de su estupidez", "misterio" que ha sido elaborado, interpretado y enfocado como genialidad por muchos críticos.[44]
Martínez Moreno reconsideró posteriormente estas opiniones. En 1968
trabajó junto a Rama, revisando y preparando el estupendo fascículo del
Capítulo Oriental que se le dedicó en la Argentina a la obra de Felisberto
Hernández.

---

[43] Rodríguez Monegal, "NELL", p. 52. Norah Giraldi se refiere a la angustia que
este juicio desfavorable de Monegal provocó en Hernández, quien al leerlo "se esconde
en su casa y siente como si desfallecieran todas sus fuerzas creadoras". Giraldi de Dei
Cas, p. 27.
[44] Carlos Martínez Moreno, "Un viajero falsamente distraído", *Número,* 2a. época,
2, núms. 4-5 (mayo de 1964), pp. 168-169.

II. EL ACOMODADOR DE REALIDADES FANTÁSTICAS

LA OBRA de Felisberto Hernández ha ido adquiriendo significado y profundidad con el paso de los años. Comenzó a llamar la atención, a nivel internacional, en 1947, con la publicación de *Nadie encendía las lámparas,* libro que Álvaro Cepeda Samudio y Gabriel García Márquez leyeron y elogiaron con entusiasmo. Los primeros críticos de renombre, José Pedro Díaz y Mario Benedetti, se ocuparon de ella a comienzos de los sesenta, tanto en artículos periodísticos como en ensayos literarios de envergadura. A finales de esa misma década, Ángel Rama se convirtió en el defensor y mentor de Felisberto, publicando, en 1969, la primera edición de sus obras completas, en la editorial Arca.

Durante los setenta el interés por la obra de Felisberto se difundió de manera sorprendente, tanto en Europa como en Hispanoamérica. El Centro de Investigaciones de la Universidad de Poitiers celebró un Congreso sobre ella, y sus cuentos aparecieron traducidos al italiano por Italo Calvino (en 1974) y al francés por Laure Guille-Bataillon (en 1976). En la Argentina, Chile y el Uruguay Ana María Barrenechea, Alicia Borinski, Alejandra Paternain y Fred Héctor Nieto llevaron a cabo estudios mayormente tradicionales sobre ella, basados en la estilística y en la historia literaria del Uruguay. En lo que va de la década de los ochenta, por otra parte, los estudios han proliferado aún más. Llama la atención el carácter difícil (a veces hasta esotérico) de algunos de ellos, que proponen maneras sorprendentemente originales de leer a Felisberto. La obra de Felisberto, por naturaleza misteriosa y oscura, parece estar destinada a engendrar nuevos misterios y nuevas oscuridades, que los críticos le transmiten a sus lectores.

En realidad, cada lector (cada época), lee a Felisberto de una manera diferente. Esto es así porque él no fue nunca un escritor rebelde ni un escritor heroico, de esos que proponen un significado definitivo ("ideal") al "misterio" de la existencia humana. Felisberto nunca se enfrentó definitivamente al "misterio" para desafiarlo, sino para contemplarlo. Fue un escritor cobarde, que siempre se escapó, con alguna broma sutil o maravillosa invención de ingenio, por la periferia del conflicto. Este escabullirse, este escurrirse al conflicto central de la existencia (a la develación de su "misterio"), es lo que hace posible hoy las múltiples lecturas de su obra.

Para entender a Felisberto (o para no entenderlo) es necesario recordar que, como en el caso del Arcipreste de Hita, su escritura es un juego que lo significa todo y no significa nada; una escritura abierta, a la cual se le puede añadir y quitar a través del tiempo. El título de su segundo libro resulta indicativo al respecto. Felisberto lo llamó *Libro sin tapas,* para que se pudiera "escribir antes y después de él". "Se ha hecho para los vivos y no para los muertos el porqué metafísico y las reflexiones sobre la vida y la muerte", dice allí, "pero no les hace falta aclarar todo el misterio, les hace falta distraerse y soñar en aclararlo".

Una de las críticas que más a menudo se formulan hoy sobre la obra de Felisberto es su falta de compromiso político y social. Desde el punto de vista de la crítica sociológica, el compromiso equivaldría a ese "misterio del mundo" que Felisberto se rehúsa a develar. Esta crítica resulta, en el sentido más preciso del término, académica y espuria en su caso. En su actitud aparentemente irresponsable, a veces rayana en la bufonería grotesca, que voluntariamente se des-centra de los conflictos de su época, hay implícita una visión filosófica auténtica. Desde esa posición auto-excéntrica Felisberto contempla (y obliga a sus lectores a contemplar) el "misterio" de la existencia humana, tanto en lo filosófico como en lo político. Y es esa posición auto-excéntrica lo que vierte su obra hacia el futuro, confiriéndole un significado plurivalente; un significado posible, pero nunca definitivo.

Entre los críticos recientes que han llevado a cabo estudios ingeniosos y originales sobre Felisberto, se encuentra el poeta y ensayista Roberto Echavarren, quien examina (en *El espacio de la verdad*) los cuentos de Felisberto desde una perspectiva lacaniana. Francisco Lasarte (*Felisberto Hernández y la escritura de "lo otro"*), los analiza desde la perspectiva del "misterio", que ve como un elemento estéticamente estructurante. Norman S. Holland los examina desde la perspectiva post-estructuralista y Julio A. Rosario desde la psicoanalítica (de Sigmund Freud y de Georges Bataille).

Me resultó curioso el que, no empece el interés sorprendentemente diverso que se ha despertado recientemente alrededor de la obra de Felisberto, no existiese aún un solo estudio sobre ella desde la perspectiva fantástica. No puede decirse que la obra de Felisberto sea intrínsecamente fantástica, o que lo sea en mayor o menor medida de lo que es una obra surrealista, lacaniana, post-estructuralista y freudiana. Pero una lectura fantástica de ella me parecía tan válida y necesaria como las lecturas antes mencionadas. El propósito de este libro es, por lo tanto, suplir ese vacío. Una lectura fantástica, me dije, de ninguna manera lograría aclarar "todo el misterio" de la obra de Felisberto, pero podría ayudar a "soñar en aclararlo".

La ambigüedad fantástica constituye, en la obra de Felisberto, una forma de infinitud, una manera de perpetuar, en los múltiples significados posibles, la supervivencia del texto. Esta fue la conclusión a la que llegué cuando, en 1971, leí por primera vez el relato "El acomodador", en las clases de verano que Ángel Rama dictó sobre Felisberto Hernández en la Universidad de Puerto Rico. Rama consideraba a Felisberto un escritor surrealista y vanguardista. Al leer en su clase el relato "El acomodador", sin embargo, me pareció posible hacer una lectura fantástica del mismo. Vi, en primer lugar, en el narrador de ese relato, a un "acomodador" muy especial, alguien que "acomodaba" la realidad en una forma determinada, para que ésta pudiese ser leída, entre otras maneras, como una realidad fantástica; y, en segundo lugar, me pareció intuir una relación directa entre la ambigüedad fantástica del relato y su discurso figurado.

Al principio me preocupó el que, para llevar a cabo una lectura fantástica de la obra de Felisberto, me sería necesario escoger un modelo, una teoría crítica específica, que me permitiera definirla en esos términos. Pero como en el análisis de textos como los de Felisberto toda teoría resulta arbitraria y *a priori*, decidí no angustiarme por el problema. El texto en sí permanecería para mí, como para sus anteriores (y futuros) críticos, inaccesible e indescifrable, un lugar "literario" de infinitos significados posibles, absolutamente ajeno a mi lectura de él. Felisberto, en fin, no se haría responsable de mi lectura, sino que permanecería abrazado, por los siglos venideros, a la ecuación irresuelta de su "misterio".

El modelo que escogí finalmente para hacer mi lectura fantástica de la obra de Felisberto fue la teoría del crítico húngaro Tzvetan Todorov, precisamente porque define la naturaleza del texto fantástico en base a la ambigüedad. Empleé, en segundo término, la teoría del crítico norteamericano Eric S. Rabkin para estudiar la autorreferencialidad fantástica de la misma; para comprobar si, como yo había intuido al leer el relato "El acomodador", lo fantástico se producía en ella simultáneamente a nivel del enunciante y del enunciado, de las palabras y de las cosas designadas por ellas.

Hacia una posible definición de lo fantástico

Entre los géneros literarios, uno de los más ambiguos, alrededor del cual se ha librado siempre una cerrada controversia, es el género de lo fantástico. En efecto, la ambigüedad parece ser un elemento constitutivo del mismo, y pasa a formar parte de su definición en sí. La dificultad de los críticos para formular una definición consistente se debe en parte a que el término "literatura fantástica" ha servido en el pasado para designar diversas formas literarias. Bajo esa categoría han caído, por ejemplo, en ciertos momentos históricos, la novela gótica, el relato de horror, los cuentos de hadas, los relatos de ciencia ficción, el relato policial, los relatos maravillosos, las fantasías, las alegorías, las fábulas, y un sinnúmero de formas más. No obstante, la inhabilidad de los críticos para concretar una definición precisa del género se debe también a su dificultad. El género fantástico es un género complejo, y algunos críticos lo definen en base a sus temas (H. P. Lovecraft, Roger Caillois y Emilio Carilla), mientras otros (Todorov y Rabkin) lo definen en base al tratamiento del tema.

"Lo fantástico" según Tzvetan Todorov

Tzvetan Todorov es el único crítico que presenta un análisis orgánico y consecuente del texto fantástico como sistema. Para él, la obra fantástica es una estructura de relaciones necesarias y no arbitrarias, y esta estructura se encuentra fundamentada sobre la ambigüedad. La ambigüedad determina, en su opinión, tanto los temas como las técnicas del relato fantástico.

El relato fantástico gira alrededor de un acontecimiento insólito y fundamentalmente ambiguo:

> En un mundo que es el nuestro, el que conocemos, sin diablos, sílfides, ni vampiros se produce un acontecimiento imposible de explicar por las leyes de ese mismo mundo familiar. El que percibe los acontecimientos debe optar por una de las dos soluciones posibles: o bien se trata de una ilusión de los sentidos, de un producto de la imaginación, y las leyes del

mundo siguen siendo lo que son, o bien el acontecimiento se produjo realmente, es parte integrante de la realidad, y entonces esta realidad está regida por leyes que desconocemos. (...)

Lo fantástico ocupa el tiempo de esta incertidumbre.[1]

La ambigüedad de este suceso insólito produce una vacilación en el lector, y esta vacilación es considerada por Todorov como "la primera condición de lo fantástico".[2] Si el lector decide que las leyes de la realidad han sido quebrantadas, el relato deja de ser un relato fantástico y pasa a formar parte del género de lo maravilloso; si decide que las leyes de la realidad han quedado intactas, el relato pasa a formar parte del género de lo extraño.[3]

La literatura fantástica gira, en la opinión de Todorov, alrededor de dos redes de temas: los que tienen que ver con la locura y los que tienen que ver con lo sexual. Los temas de la locura son: el pandeterminismo o la causalidad irracional; las metamorfosis; el tema del doble o de la multiplicidad de la personalidad; la ruptura del límite entre sujeto y objeto; y la transformación del tiempo y del espacio,[4] mientras que los temas eróticos son: la relación "límite" con la mujer; el incesto; el sadismo; la homosexualidad; el amor en trío; y la atracción sexual ejercida por los cadáveres o el amor y la muerte.[5]

Los temas de la locura se ocupan del cuestionamiento de los límites entre la materia y el espíritu, y de ese cuestionamiento surge su ambigüedad. Todorov explica de la siguiente forma por qué en los temas de la locura "el paso del espíritu a la materia" se ha vuelto posible.[6] En las metamorfosis, por ejemplo (como uno de los temas de la locura), "lo sobrenatural comienza a partir del momento en que se pasa de las palabras a las cosas supuestamente designadas por ellas".[7] Las metamorfosis tienen originalmente, para Todorov, un sentido metafórico, que se convierte en un sentido sobrenatural cuando se pasa, del nivel del lenguaje, al nivel de la anécdota. Decimos, por ejemplo, que un hombre lucha con la fie-

---

[1] Tzvetan Todorov, *Introducción a la literatura fantástica*, trad. Silvia Delpy, 2a. ed. (Buenos Aires, Tiempo Contemporáneo, 1972), p. 34.

[2] *Ibid.*, p. 42.

[3] *Ibid.*, p. 53.

[4] *Ibid.*, pp. 129-147.

[5] *Ibid.*, pp. 149-166.

[6] *Ibid.*, p. 137.

[7] *Ibid.*, p. 136.

reza de un león, o que es listo como un zorro, y esto constituye un símil, pero también podemos decir que, de tan fiero, ese hombre "era un zorro". Este sentido metafórico, si se traslada al nivel de la anécdota, resultaría en una metamorfosis: el hombre se transforma en león o en zorro. Es en este momento que toma lugar, en la opinión de Todorov, la "transgresión entre la materia y el espíritu".[8] Todorov demuestra cómo, en la literatura fantástica, no sólo la metamorfosis, sino todos los temas de la locura se encuentran relacionados a esta transgresión (o ruptura), que a su vez constituye el origen de su ambigüedad.[9] Al establecer una relación entre la "ruptura de los límites entre la materia y el espíritu" y la ambigüedad, Todorov coloca la experiencia de la locura al mismo centro del género fantástico.

Este señalamiento de Todorov resulta muy importante, porque hace posible un análisis estructural de las obras fantásticas, no sólo desde el punto de vista de la ambigüedad, sino también desde la perspectiva de esa "ruptura entre la materia y el espíritu" que él le atribuye a los temas (así como a la experiencia) de la locura. Gracias a esa "ruptura" se establece una equivalencia entre el fondo y la forma, el tema y la estructura de la obra fantástica.

Todorov sostiene que las técnicas del relato fantástico parten todas del discurso figurado, y es por medio de ellas que se logra la ambigüedad. Menciona las siguientes como típicas del género: la hipérbole, la exageración, las modalizaciones condicionantes, el narrador "no-confiable" en primera persona, y la gradación del suspenso en los hechos.[10] Estas técnicas persiguen, en el relato fantástico, el mismo propósito que persiguen los temas: el que lo sobrenatural se produzca "a partir del momento en que se pasa de las palabras, a las cosas supuestamente designadas por ellas".[11] Tanto la hipérbole, como la exageración, las modalizaciones condicionantes, etc., por ejemplo, intentan hacer verosímil el suceso fantástico al nivel del lenguaje, y en ellas "lo sobrenatural nace... del hecho de que el sentido figurado es tomado literalmente".[12] Las técnicas que Todorov menciona se proponen, al nivel del lenguaje, idéntico fin que las metamorfosis, los dobles, el pandeterminismo, etc., al nivel del tema: lo-

[8] Ibid., p. 137.
[9] Idem.
[10] Ibid., pp. 92-110.
[11] Ibid., p. 136.
[12] Ibid., p. 94.

grar la "ruptura entre la materia y el espíritu", o el "paso del espíritu a la materia". En ambos las ideas se vuelven sensibles, y las sensaciones se transforman, a su vez, en ideas.[13]

TODOROV Y LA FUNCIÓN SOCIAL DEL GÉNERO FANTÁSTICO

Todorov señala que ha situado su análisis del relato fantástico moderno a nivel del discurso figurado porque en él los temas fantásticos han sufrido una centralización. En los relatos fantásticos modernos ya no toman lugar sucesos sobrenaturales, porque éstos han sido internalizados.[14] En la opinión de Todorov, con la aparición del psicoanálisis el relato fantástico pasa a ser una expresión directa del subconsciente, y se convierte en algo muy distinto de lo que era en el siglo XIX:

> ...el psicoanálisis reemplazó (y por ello mismo volvió inútil) la literatura fantástica. En la actualidad, no es necesario recurrir al diablo para hablar de un deseo sexual excesivo, ni a los vampiros para aludir a la atracción ejercida por los cadáveres: el psicoanálisis, y la literatura que directa o indirectamente se inspira en él, los trata con términos directos. Los temas de la literatura fantástica [moderna] coinciden, literalmente, con los de las investigaciones psicológicas de los últimos cincuenta años.[15]

La locura y la sexualidad han sido siempre, en la opinión de Todorov, los temas preferidos de la literatura fantástica, y por ello ésta ejercía en el pasado una función social muy importante. Citando a Penzoldt, Todorov afirma que tradicionalmente "lo sobrenatural no era más que un pretexto para describir cosas que [los escritores de entonces] jamás se hubiesen atrevido a mencionar en términos realistas", como por ejemplo el incesto, el amor en trío, la necrofilia, etcétera.[16]

En la literatura fantástica del pasado, estos temas tomaban una apa-

---

[13] *Ibid.*, p. 138.

[14] Esta opinión sobre el relato fantástico moderno, expresada por Todorov al final de su estudio, suele ser pasada por alto por los críticos, quienes se apoyan casi siempre en su definición del relato fantástico tradicional. Esta lectura parcial de la teoría de Todorov, por ejemplo, lleva a Francisco Lasarte a afirmar que la obra de Felisberto Hernández no puede considerarse una obra fantástica, porque en ella no toman lugar sucesos sobrenaturales. Lasarte, Introd., p. III.

[15] Todorov, p. 190.

[16] *Ibid.*, p. 187.

riencia simbólica. La necrofilia, por ejemplo, era descrita como vampirismo, y el deseo sexual excesivo era representado por la aparición del diablo.[17] Por medio de este lenguaje simbólico el relato fantástico ejercía una función subversiva: la de "sustraer el texto a la acción de la ley y, por ello mismo, transgredirla".[18] Según Todorov, la literatura fantástica moderna examina estos mismos temas (y sigue siendo en parte una literatura subversiva), sólo que ahora desprovistos de su antigua retórica. En ella la locura y la sexualidad son presentados de una manera oblicua, y el acontecimiento fantástico, imposible de explicar por las leyes del mundo racional, ha quedado internalizado.

"LO FANTÁSTICO" SEGÚN ERIC S. RABKIN

Rabkin discute el relato fantástico en general, pero define como género fantástico únicamente a la Fantasía. La Fantasía es para él ese relato auto-reflexivo, que se ocupa de analizar la naturaleza literaria del relato fantástico.[19] En su opinión, cuando un relato establece una realidad básica, justificada por sus propias leyes, y luego procede a contradecir esa realidad, revirtiendo diametralmente dichas leyes, el relato se encuentra contaminado de elementos "fantásticos". Mientras más violentamente contradiga el relato sus propias leyes básicas de la realidad, más se acerca al género de la Fantasía: "The truly fantastic occurs when the ground rules of a narrative are forced to make a 180 degree reversal, when prevailing perspectives are directly contradicted".[20]

Rabkin da, como ejemplo de una Fantasía, "El jardín de senderos que se bifurcan", de Jorge Luis Borges.[21] En este relato, dice, el autor considera el problema fantástico exclusivamente desde el ángulo de la escritura: el relato que contiene la historia del imposible laberinto de Ts'ui Pen *es* el imposible laberinto de Ts'ui Pen, porque en él su descendiente, Yu Tsun, escoge todos los senderos simultáneamente. Borges, por lo tanto, propone, a sí mismo como escritor, y a Yu Tsun como personaje, un acertijo imposible, y lo resuelve acudiendo a la reversión fantástica. El

[17] *Ibid.*, pp. 189-190.
[18] *Ibid.*, p. 189.
[19] Eric S. Rabkin, *The Fantastic in Literature* (Princeton, Princeton University Press, 1976), p. 29.
[20] *Ibid.*, p. 12.
[21] *Ibid.*, pp. 170-173.

relato revierte sobre sí mismo en 180 grados, y esta reversión constituye, en la opinión de Rabkin, el corazón de lo fantástico.[22]

RABKIN Y LA FUNCIÓN SOCIAL DEL GÉNERO FANTÁSTICO

Rabkin toca, como Todorov, la función social del género fantástico, y lo considera también un instrumento efectivo para "develar la verdad oculta del corazón humano".[23] En su opinión, lo fantástico, al bregar con una realidad cuyas leyes han sido trastocadas, se encuentra excepcionalmente dotado para develar y examinar la vertiente nocturna y perversa de la naturaleza humana.[24] En este sentido, Rabkin considera que la literatura fantástica es una literatura "escapista", pero le da un sentido positivo al término. El término "escapista" no se encuentra relacionado aquí al desorden y al caos. El propósito de la literatura fantástica como literatura "de escape" es precisamente ofrecerle al lector un orden que sustituya el caos de la existencia: el orden estético del relato o del cuento.[25] Rabkin piensa, en fin, que el relato fantástico le ofrece al lector una nueva libertad; en él puede examinar con detenimiento, y sin sufrir represalias por ello, el reverso del mundo de su mente: "In the literature of the fantastic, escape is the means of exploration of an unknown land, a land which is the underside of the mind of man".[26]

[22] *Ibid.,* p. 173.
[23] *Ibid.,* p. 27.
[24] *Ibid.,* p. 41.
[25] *Ibid.,* p. 42.
[26] *Ibid.,* p. 45.

III. LOS RELATOS DE LA PRIMERA ÉPOCA: APRENDIZAJE DE TEMAS Y TÉCNICAS FANTÁSTICAS

LOS RELATOS de la primera época de Felisberto (en FT, LST, LCA, LE) aún no han sido adecuadamente estudiados por la crítica. Más que relatos o narraciones constituyen una serie de juegos verbales, en los cuales Felisberto va desarrollando una serie de temas y técnicas que lo llevarán eventualmente a convertirse en un maestro de la ambigüedad fantástica.

Todos los relatos del primer periodo de Felisberto giran alrededor del "misterio" de la realidad.[1] En "La piedra filosofal" se refiere por primera vez a este "misterio", que no podrá aclarar nunca, pero que lo lleva a "distraerse mientras sueña en aclararlo".[2] Al enfrentarse a este "misterio", Felisberto va descubriendo los temas y técnicas de su particular visión fantástica.

EL MISTERIO DE LOS OBJETOS

El primer "misterio" al que Felisberto se enfrenta en estos primeros relatos es al "misterio" de los objetos. Este enfrentamiento lo lleva a elaborar ciertos temas relacionados a la locura y al erotismo, que luego han de ser fundamentales para su literatura fantástica.[3] Por "locura" entendemos aquí una "locura en potencia" o neurosis, tendencia de la libido de la

---

[1] Lasarte es el crítico que más profundiza en este tema. "Bajo esta nueva causalidad [la causalidad del misterio]", opina, "las cuatro categorías de la realidad: objetos, sucesos, sentimientos e ideas ["La cara de Ana" añade, en su opinión, una quinta: las personas] pierden su lugar convencional en la jerarquía de las relaciones normales". Las fronteras se erosionan, durante ese contacto momentáneo con el absurdo, de manera que las cinco partes componentes (de la realidad) adquieren igual valor y propiedad. Lasarte, pp. 32-33.

[2] Felisberto Hernández, "La piedra filosofal", en FT, en *Primeras invenciones,* vol. I, *Obras completas de Felisberto Hernández* (Montevideo, Arca, 1969), p. 39.

[3] Recuérdese que, al establecer una relación entre la ruptura de los límites entre la materia y el espíritu y la ambigüedad, Todorov colocaba la experiencia de la locura al centro mismo del género fantástico. Para determinar cómo se logra la ambigüedad fantástica en la obra de Felisberto, por lo tanto, es necesario ver cómo se logra esa ruptura de los límites entre la materia y el espíritu tanto en los temas como en las técnicas.

cual participan, en mayor o menor grado, todos los seres humanos. Llama la atención el que, de entre los veintidós relatos que conforman este primer periodo, nueve tengan títulos de objetos: "La piedra filosofal", "Diario", "La cara de Ana", "El convento", "El vapor", "La barba metafísica", "La casa de Irene", "El vestido blanco" e "Historia de un cigarrillo". En cada uno de estos relatos el narrador se enfrenta a un objeto (no necesariamente mencionado en el título) en el cual se encuentra cifrado el "misterio": no se sabe si el objeto tiene vida propia o si su animación responde a un "instante de locura", que sólo ha tomado lugar en la mente del narrador. Este "instante de locura" responde, en cada uno de estos relatos, al cuestionamiento de los límites entre la materia y el espíritu.

En "El vestido blanco", por ejemplo, el narrador se enfrenta a un par de ventanas que constituyen el objeto "misterioso" del cuento. El narrador visita a su novia Marisa, y sus coloquios amorosos con ella toman lugar en el balcón de su casa. Una noche le parece percibir algo insólito: entre las ventanas del balcón existe una atracción extraña que ellos, los amantes, interrumpen con su presencia. "Sentí como que las hojas se habían estado mirando frente a frente y que ella (Marisa) había estado de más. Ella había interrumpido ese espacio simétrico lleno de una cosa fija que resultaba al mirarse las dos hojas".[4]

A medida que progresa el relato, el narrador se siente invadido por el miedo. Este temor se debe a que no está seguro de si lo que sucede (la animación de las ventanas) se debe a una percepción exaltada (neurótica) de sus sentidos, o a la presencia de un hecho insólito, que desafía las leyes de lo racional. Su temor llega al máximo cuando observa que las ventanas "me tocaban por la espalda muy despacito y como si me quisieran hipnotizar".[5] Se siente entonces presa del pánico: "...[A]l darme vuelta", dice, "me encontré con las ventanas cara a cara. Sentí que nos habían sepultado entre el balcón y ellas. Pensé en saltar el balcón y sacar a Marisa de allí".[6]

En este momento el tema principal del relato, la "locura" posible del narrador, es un tema ambiguo. Por un lado éste teme que la animación de las ventanas sea un hecho insólito, que atenta contra las leyes de la

[4] Felisberto Hernández, "El vestido blanco", en LST, en *Primeras invenciones*, vol. I, *Obras completas de Felisberto Hernández* (Montevideo, Arca, 1969), p. 41.

[5] *Ibid.*, p. 42.

[6] *Idem.*

realidad y por otro lado reconoce que la animación puede ser una visión o espejismo, resultado de un incipiente desarreglo de sus sentidos.

El segundo tema del relato, la erotización de las ventanas, es similarmente ambiguo. Al narrador le parece que la atracción erótica que existe entre él y Marisa se ha trasladado a las puertas del balcón, y esto lo aterra. La animación de las ventanas es eróticamente agresiva: éstas luchan por sacarlos a ellos (los amantes) del balcón porque también se desean (desean cerrarse). La ambigüedad del relato se resuelve al final, cuando el narrador reconoce que la animación (erotización) de las ventanas no ha sido un hecho real, sino que ha sucedido en su mente. El relato, por lo tanto, no llega a ser un relato fantástico, sino que permanece un relato subjetivo, en el cual el narrador ha estado siempre presente.

Las técnicas de "El vestido blanco" responden igualmente al enfrentamiento de Felisberto al "misterio" de los objetos. Estos son: el uso de la primera persona narrativa, de los condicionantes y del imperfecto, todas técnicas tradicionalmente fantásticas.[7] Pero Felisberto no emplea todavía estas técnicas en la forma en que las emplea un escritor fantástico. El narrador en primera persona, que en el relato fantástico es siempre "no-confiable", en este relato es un narrador "confiable".[8] El uso de los condicionantes y del imperfecto, por otra parte, que en el relato fantástico tradicional contribuyen a la ambigüedad, aquí la disminuyen.[9] En el relato fantástico clásico, tal y como lo define Todorov, los condicionantes y el imperfecto sirven para implantar la duda, pero en este relato sirven para señalar que el suceso insólito no fue real, sino subjetivo. En el siguiente pasaje, por ejemplo, es gracias a estas formas gramaticales que la animación y erotización de las ventanas quedan descritas como algo que sucedió en la mente del narrador, y no en la realidad circundante:

Si algunas veces Marisa *echaba* las hojas para atrás y *pasaban* del límite de enfrentarse, yo no *podía* dejar de tener los músculos en tensión. En ese momento *creía* contribuir con mi fuerza a que se cerraran lo suficiente hasta quedar en una de las posiciones de placer: una frente a la otra. De lo contrario *parecía* que con el tiempo se les sumaría un odio silencioso y fijo del cual nuestra conciencia no *sospechaba* el resultado.[10]

[7] *Ibid.*, pp. 97-100.
[8] *Ibid.*, p. 101. En la nota 27 del capítulo v discutiremos más a fondo en qué consiste el narrador "confiable", así como el narrador "no-confiable".
[9] *Ibid.*, p. 97.
[10] *Ibid.*, pp. 41-42.

Otro relato en el cual Felisberto se enfrenta a un objeto "misterioso", del cual devenga valiosas lecciones acerca de la ambigüedad fantástica de temas y técnicas, es la "Historia de un cigarrillo".[11] La anécdota es la siguiente: el narrador se enfrenta a un cigarrillo que se ha escurrido al fondo de su cajetilla, y que aparentemente rehúsa dejarse fumar por su dueño. El narrador intenta varias veces fumarlo, pero el cigarrillo primero se esconde, luego se quiebra, y finalmente cae al suelo y, ya mojado en un charco de agua, resulta infumable. El narrador, ante este hecho insólito, se siente invadido por la desazón. No sabe si la rebeldía del cigarrillo ha sido un suceso real, que ha desafiado las leyes de lo racional, o si ha sido una alucinación, resultado de una "locura" incipiente o desarreglo de sus sentidos. Al día siguiente, sin embargo, el narrador reconoce que la rebeldía del cigarrillo ha sido una obsesión pasajera. Al disiparse la ambigüedad, el relato no llega a ser un relato fantástico, sino que permanece un relato de naturaleza subjetiva.[12]

El tema de este relato es, una vez más, la neurosis o "locura en potencia" del narrador. El cuestionamiento de los límites entre la materia y el espíritu toma lugar por medio de la descripción de ese "instante de locura" que él experimenta, al enfrentarse al cigarrillo "infumable". Las técnicas son también, como en "El vestido blanco", la narración en primera persona, y el uso de las modalizaciones condicionantes y del imperfecto. Como en "El vestido blanco", estas técnicas tampoco están empleadas aquí para lograr la ambigüedad fantástica. El narrador es un narrador "confiable", y los condicionantes y el imperfecto sirven para subrayar la naturaleza subjetiva del suceso insólito.

EL MISTERIO DE LOS PERSONAJES

El segundo "misterio" al cual Felisberto se enfrenta en estos relatos es el "misterio" de los personajes. Cinco de estos relatos tienen como título nombres de personajes ("Amalia", "Ester", "Elsa", "La envenenada") o forman parte de él ("La casa de Irene").

El tema principal de estos relatos, la literatura como asunto de sí misma, viene a ser el tercer tema importante de la obra de Felisberto. Bien

[11] Felisberto Hernández, "Historia de un cigarrillo", en LST, en *Primeras invenciones*, vol. I, *Obras completas de Felisberto Hernández* (Montevideo, Arca, 1969), p. 60.
[12] *Ibid.*, p. 49.

que estos relatos no llegan a ser Fantasías en el sentido en que las define Rabkin (los sucesos siguen siendo subjetivos: toman lugar en la mente del narrador), prefiguran este tipo de relato, que Felisberto cultivará posteriormente. La ambigüedad de estos relatos no depende ya de la vacilación del lector en cuanto a si los sucesos insólitos que percibe se deben a la existencia de una realidad fantástica o al desarreglo de los sentidos de los personajes, sino que responde al dilema del narrador como escritor. En cada uno de ellos el narrador se sitúa frente a una mujer (Ester, Amalia, etc.) y va describiendo las sensaciones extrañas que el "misterio" del personaje suscita en él. Es como si, al enfrentarse al "misterio" de cada personaje, el narrador lo fuera creando, a la vez que duda de si su existencia literaria es auténtica o no.

En su "Drama o comedia en un acto y varios cuadros", el escritor-narrador describe su enfrentamiento al "misterio" de los personajes en los siguientes términos:

lo que más nos ilusiona de ellas es lo que nos hacen sugerir... Ese misterio que creamos adentro de ellas lo apreciamos mucho porque lo creamos nosotros. Hay personas que lo dicen todo y no nos dejan crear nuestro misterio. Una excepción son las personas muy simples; nos hacen pensar que eso tan simple no son ellas y pasamos toda la vida pensando qué había en su interior.[13]

El escritor-narrador señala aquí que el "misterio" de sus personajes se encuentra relacionado al "misterio" de la creación poética, y la ambigüedad del relato se resuelve a favor de la existencia literaria de los personajes. En el relato "Ester", por ejemplo, el narrador nos dice:

Descubrí que su belleza era agresiva, aunque su agresividad no fuera contra nada, igual *me parecía* que era agresiva, que esa era la calidad de su belleza; *tal vez* desafiara la vida, pero en ese momento yo no le hubiera llamado vida a lo activo y misterioso de las personas y los hechos: ... Ella desafiaba tal vez eso y las puntas de su saco abierto, se *doblaban* un poco para atrás al caminar ligero. *Llevaba* en la mano un libro y yo *pensaba cómo sería* aquella naturaleza estudiando...[14]

[13] Felisberto Hernández, "Drama o comedia en un acto y varios cuadros", en LST, en *Primeras invenciones,* vol. I, *Obras completas de Felisberto Hernández* (Montevideo, Arca, 1969), p. 59.
[14] Felisberto Hernández, "Ester", en *La envenenada,* en *Primeras invenciones,* vol. I, *Obras completas de Felisberto Hernández* (Montevideo, Arca, 1969), p. 94.

Dos elementos resaltan de este pasaje: su erotismo sutil, y la proyección que el narrador va haciendo del personaje imaginado. Esta proyección es minuciosa y lenta. El uso de los condicionantes ("me parecía", "tal vez", etc.), y del imperfecto ("desafiaba", "se doblaban", etc.) da la sensación de que el personaje está siendo creado poco a poco, y de que sus atributos y características no son todavía definitivos. La ambigüedad no es aquí, por lo tanto, una ambigüedad fantástica (no se trata de si el suceso es insólito o no), sino una ambigüedad literaria: todavía no estamos seguros de si Ester existe definitivamente como presencia literaria.

El enfrentamiento al "misterio" de los personajes en estos relatos tiene una segunda consecuencia: la inserción del escritor como personaje dentro de la obra. Tanto en "Ester", como en "Drama o comedia en un acto", el escritor es ya un personaje importante: es él quien "descubre" que la belleza de Ester es "agresiva", mientras va elucubrando pacientemente su presencia.

A pesar de que este "escritor-personaje" no es, por supuesto, Felisberto Hernández, sino un personaje de ficción, se encuentra a veces peligrosamente cercano a él. Existe a menudo en estos primeros relatos una inmediatez excesiva entre Felisberto y su creación. Amalia, Ester, Irene, sus novias de carne y hueso, permanecen demasiado cercanas a su propia vida, y no logra por ello convertirlas en personajes literarios.

"LA ENVENENADA", UN RELATO REVOLUCIONARIO

Felisberto logra superar este defecto, sin embargo, en "La envenenada", el mejor relato de su primera época.[15] En este relato, la reflexión sobre el "misterio" de la realidad pasa a ser por primera vez una reflexión sobre el "misterio" de la escritura en sí, y este proceso establece una distancia muy efectiva entre el "escritor personaje" y Felisberto Hernández.[16] A

---

[15] Felisberto Hernández, "La envenenada", en *La envenenada,* en *Primeras invenciones,* vol. I, *Obras completas de Felisberto Hernández* (Montevideo, Arca, 1969).

[16] "La envenenada" es un relato singular, del cual Juan Carlos Onetti dijo en una ocasión: "Por amistad con alguno de sus parientes pude leer uno de sus primeros libros: *La envenenada.* Digo libro generosamente: había sido impreso en alguno de los agujeros donde Felisberto pulsaba pianos que ya venían desafinados desde su origen. El papel era el que se usa para la venta de fideos; la impresión tipográfica estaba lista para ganar cualquier concurso de fe de erratas; el cosido había sido hecho con recortes de alambrado. Pero el libro, apenas un cuento, me deslumbró". Onetti, *op. cit.,* p. 257.

pesar de que "La envenenada" no es una Fantasía, tal y como la define Eric S. Rabkin (permanece como un relato de naturaleza subjetiva, sin llegar a adquirir un carácter fantástico), se encuentra muy cerca de serlo.

"La envenenada" es un relato revolucionario porque en él por primera vez Felisberto logra fundir el tema (el "misterio" de la realidad) y el tratamiento del tema (la escritura de ese "misterio"). El "escritor" ya no es aquí una voz narrativa a la que escuchamos describir a Elsa o a Amalia; es un personaje que actúa el dilema de la escritura ante el lector. La anécdota de "La envenenada" es la siguiente: el "narrador-escritor" se encuentra encerrado en su casa, y busca inútilmente un tema para comenzar un relato. Decide por fin salir a la calle a buscarlo. Allí se encuentra a tres hombres quienes le informan que a varias cuadras de distancia y al borde de un arroyo, una mujer se ha envenenado. El "narrador-escritor" decide visitar el lugar, en busca del asunto requerido para su cuento. Una vez allí, sin embargo, se siente invadido por el terror. El espectáculo de la envenenada lo impresiona profundamente:

> ...la cabeza estaba doblada y su posición hacía pensar en lo mismo de los pies, pero la cara estaba muy descompuesta y los músculos en tensión; un brazo lo tenía para arriba, rodeaba la cabeza como un marco y la posición era tan tranquila como la cabeza y los pies; pero el puño estaba muy apretado.[17]

Mientras se dirige hacia el lugar del suicidio, el "narrador-escritor" va "acomodando" en su mente la realidad del suceso trágico (según ésta le va siendo narrada por los tres hombres que se ha encontrado en la calle), como si se tratara de un "espectáculo". El término "espectáculo" resulta aquí de capital importancia. El nuevo orden que el "narrador-escritor" le impone a la realidad en los relatos posteriores de Felisberto, toma siempre la apariencia de un "espectáculo", de cuya verosimilitud él es exclusivamente responsable:

> Él tenía pensado no ir a esta clase de espectáculo: le producía una cosa, que sintetizando todo lo que hubiera podido escribir sobre esa cosa, le hubiera llamado vulgarmente miedo. Sin embargo, como además de no tener asunto, había leído una poesía que le había llevado a la conclusión de que un hombre podía reaccionar y triunfar sobre sí mismo, entonces de-

---

[17] *Ibid.*, p. 86.

cidió aprovechar la invitación que le hicieron los tres hombres y el espectáculo de la envenenada.[18]

Una vez junto al cadáver de la envenenada, el "escritor" observa y anota en un cuaderno todos los datos necesarios para escribir su relato. Al regresar a su casa, sin embargo, y someter sus anotaciones sobre el "espectáculo" de la envenenada a un minucioso examen, le sucede algo aterrador. Se siente invadido por la angustia, y le parece que sus pensamientos adquieren corporeidad y vida propias: "De pronto los pensamientos se le detuvieron y se fijó que los dos hombres que callaban habían quedado algunos pasos atrás... entonces sus pensamientos lo volvieron a atacar y se imaginó que, al ellos caminar de dos en dos, llevaban un ataúd".[19] Por otra parte, siente que el cuerpo se le desintegra, y que sus miembros cobran independencia y vida propias: "...le parecía que la punta de los pies estaba lejísimos de él; pensaba que solamente su cabeza trabajaba, y le asombraba su dominio... todas las partes de su cuerpo eran barrios de una gran ciudad que ahora dormía: eran objetos brutos que descansaban después de una gran tarea y que el continuo trabajar y descansar no le dejaba pensar en nada inteligente..."[20]

¿Por qué el espectáculo de la envenenada hace caer al "narrador-escritor" en este estado cercano a la esquizofrenia? ¿Cuál es el significado de esos "pensamientos" misteriosos que, surgiendo del texto posible de "La envenenada", adquieren corporeidad y vida propias, y lo atacan sin justificación alguna? Felisberto no nos dará la respuesta a estas preguntas hasta los relatos de su segundo periodo; específicamente hasta ECP. Resulta, sin embargo, indicativo el que ya aquí el "narrador-escritor" se cuestione su misión, y reconozca la imposibilidad de comunicación del texto literario. El "narrador-escritor", en fin, intenta "acomodar" aquí la realidad en una forma determinada, pero esa realidad se le rebela y ataca su "integridad" (de "escritor", así como de "narrador"). Convencido de que "escribir" el cuento de la envenenada sería absurdo, porque narrar la experiencia aterradora de la muerte resulta imposible, decide entonces escribir un cuento de por qué decide no escribir el cuento de "La envenenada":

18 *Ibid.*, p. 84.
19 *Ibid.*, p. 85.
20 *Ibid.*, p. 91.

Él se diferenciaba de los demás literatos en que ellos ignoraban los misterios y las casualidades de la vida y la muerte pero se empecinaban en averiguarlo; en cambio para él no significaba nada haber sabido el por qué de esos misterios y sus casualidades, si con esto no se evitaba la muerte.[21]

"La envenenada" es, a más de esto, un relato innovador en cuanto a sus técnicas narrativas. Como en los relatos en los que se enfrenta al "misterio" de los objetos, en "La envenenada" Felisberto emplea varias técnicas típicas del relato fantástico, tales como los condicionantes, el imperfecto, la objetivación y la personificación, todas dirigidas a lograr una mayor ambigüedad. El fragmentarismo estructural, por ejemplo, es aquí, como en "El vestido blanco" y la "Historia de un cigarrillo", un fragmentarismo lúdico, que permite varias interpretaciones simultáneas. Hay un elemento ambiguo, de juego irrespetuoso, tanto en el cuestionamiento constante de las posibles causas del suicidio de la envenenada, como en los pensamientos y actitudes de los personajes secundarios, y en los motivos de los espectadores y del "narrador-escritor". Este juego irrespetuoso, cuyo propósito es señalar el fracaso de comunicación inherente a todo texto literario, toma el lugar de la anécdota. En "La envenenada" no sucede nada y sucede todo: lo único real es el juego (aterradoramente ambiguo, en este caso) de la literatura.

---

[21] *Idem.*

40

IV. EL SALTO A LO FANTÁSTICO

Hemos visto cómo, en los relatos del primer periodo de Felisberto, va evolucionando una serie de temas y técnicas originales, que lo acercan cada vez más a la literatura fantástica. En cierto modo, recuerda un explorador que va descubriendo intuitivamente un camino, cuyo término desconoce aún. No es hasta los relatos de su segunda época (cc, ecp y tlm) que Felisberto descubre por fin el paso secreto, el vado donde el río se estrecha y le permite por fin dar el salto, de la literatura subjetiva, a la ribera de la literatura fantástica.

En los relatos de su segundo periodo Felisberto se enfrenta al "misterio" de la realidad, según le parece percibir que se encuentra cifrado en los recuerdos. Los relatos de este periodo son todos autobiográficos, pero su punto de vista narrativo es mucho más complejo que el de los relatos del primer periodo. El narrador es aquí, como el "escritor" de los primeros relatos y el "narrador-escritor" de "La envenenada", un personaje de ficción. En él se integra, a la manera proustiana, el punto de vista del escritor niño, que relata desde la lejanía del pasado esa misma historia. Esta visión doble, del narrador consciente de sí mismo como adulto y como niño, permite una objetivación mucho mayor que la que poseen los relatos del primer periodo (a excepción de "La envenenada").

El valor de los relatos del segundo periodo consiste en la habilidad con que Felisberto integra, a la visión de su narrador-personaje, las experiencias de su propia vida, sin que éste deje de existir en ningún momento como personaje de ficción. Como en "La envenenada", el narrador de estas novelas es también un "escritor", que va "acomodando" los sucesos de la realidad de una manera sorprendente. Este narrador no sólo es "escritor", sino que quiere serlo cada vez más intensamente. Es él quien lleva a cabo, como héroe principal de las tres novelas, los importantes descubrimientos que luego le permitirán a Felisberto dar el salto a lo fantástico.

En cc el narrador nos relata la historia del músico ciego que fue el maestro de piano y harmonía de Felisberto durante su adolescencia. El "misterio" de la realidad se encuentra aquí encarnado en Clemente Colling, como si Felisberto adivinara que su futuro se encontraba de alguna manera profetizado en la estampa de aquel artista empobrecido e incomprendido, ejemplo del genio ignorado y pasado por alto de la sociedad.

Todo cc es un intento de descifrar el "misterio" de Colling por medio de la rememoración:

> ...yo empezaba a internarme en muchos misterios que me empezaron conociendo su persona. Sentía que [lo] iba a conocer de cerca, que se me iba a producir una amistad, un extraño intercambio, con un personaje que además era ciego. Sé que en los primeros momentos empezaban a ser misterio, detalles insignificantes, tal vez demasiado físicos, objetivos. ...sin embargo, después yo los haría coordinar muy bien con mi manera de suponerme otro misterio: el de su ciencia. Ni sabía —y hallaba placer en no saber qué misterio habría en cada ser humano como Colling, por ejemplo—, qué misterio me sorprendería primero, cómo sería yo después de haberlo sentido, o qué le pasaría a mi propio misterio.[1]

El "misterio" de cc, sin embargo, no es un "misterio" estructuralmente lineal. La historia del maestro se ve interrumpida constantemente por ciertos pensamientos involuntarios que persiguen al "narrador-escritor", y que a menudo no tienen nada que ver con ella. Desde el primer párrafo del libro el "narrador-escritor" se refiere a esta vertiente extraña que tiene para él el proceso de rememoración. Es como si en determinados momentos los recuerdos adquirieran vida propia, y se le impusieran a voluntad:

> No sé por qué quieren entrar en la historia de Colling ciertos recuerdos. No parece que tuvieran mucho que ver con él. La relación que tuvo esa época de mi niñez y la familia por quien conocí a Colling, no son tan importantes en este asunto como para justificar su intervención. La lógica de la hilación sería muy débil. Por algo que yo no comprendo, esos recuerdos acuden a este relato. Y como insisten, he preferido atenderlos. Además, tendré que escribir muchas cosas sobre las cuales sé poco; y me parece que la impenetrabilidad es una cualidad intrínseca de ellas...[2]

La cita es importante porque describe el estado mental del "narrador-escritor" en cc, cuando intenta descubrir el origen de esos pensamientos

---

[1] Felisberto Hernández, cc (Montevideo, Arca, 1966), pp. 27-28.
[2] *Ibid.*, p. 5.

que evidentemente le vienen del inconsciente. Detrás de esos pensamientos hay un "misterio" adicional, el "misterio de lo otro", que hunde al "narrador" en un estado de angustia. Este "misterio de lo otro" le parece aún más indescifrable que el "misterio" de los recuerdos conscientes. A éstos se refiere el "narrador-escritor" cuando afirma:

Al revolver todas las mañanas en los recuerdos, yo no sé si precisamente manoteo entre ellos y por qué. O cómo es que revuelvo y manoteo en mi propia vida, aunque hable de otros. Y si eso hago en las mañanas, no sé qué ha pasado por la noche, qué secretos se han juntado, sin que yo sepa, un poco antes del sueño, o debajo de él.[3]

ECP tiene, en su primera mitad, una gran afinidad estructural y temática con CC, y parece casi su continuación. Comienza también como una evocación biográfica: el "narrador-escritor" evoca aquí los años anteriores a la época de Colling, cuando, siendo un niño de diez años, Felisberto era discípulo de Celina Moulé. La narración sutilmente erótica de la relación de Felisberto con Celina, sin embargo, se encuentra de pronto interrumpida, a mitad del texto, por ciertos recuerdos que visitan arbitrariamente al "narrador-escritor":

Ha ocurrido algo imprevisto y he tenido que interrumpir esta narración. Ya hace días que estoy detenido. No sólo no puedo escribir, sino que tengo que hacer un gran esfuerzo para poder vivir en este tiempo de ahora, para poder vivir hacia adelante. Sin querer había empezado a vivir hacia atrás y llegó un momento en que ni siquiera podía vivir muchos acontecimientos de aquel tiempo, sino que me detuve en unos pocos, tal vez en uno solo; y prefería pasar la noche sentado o acostado. Al final había perdido hasta el deseo de escribir. Y esta era, precisamente, la última amarra con el presente. Pero antes que esta amarra se soltara, ocurrió lo siguiente: yo estaba viviendo tranquilamente en una de las noches de aquellos tiempos. A pesar de andar con pasos lentos, de sonámbulo, de pronto tropecé con una pequeña idea que me hizo caer en un instante lleno de acontecimientos. Caí en un lugar que era como un centro de rara atracción y en el que me esperaban unos cuantos secretos embozados. Ellos asaltaron mis pensamientos, los ataron y desde entonces estoy forcejeando.[4]

[3] *Ibid.*, p. 38.
[4] Felisberto Hernández, ECP, vol. II, *Obras completas de Felisberto Hernández* (Montevideo, Arca, 1970), p. 26.

La interrupción del relato biográfico es definitiva y el decurso narrativo de ECP no volverá a recobrar ya más su condición lineal. El tono del "narrador-escritor" se angustia, y recuerda el tono del "narrador-escritor" en CC, cuando forcejeaba con los pensamientos de "lo otro". La historia de Celina desaparece, y el narrador se siente acosado por un peligro inminente.

La crisis que sufre el "narrador-escritor" de ECP es una crisis existencial y literaria, producida por la excesiva obsesión con los recuerdos y el proceso mismo de rememoración. El "narrador-escritor" se da cuenta de que no puede seguir "acomodando" la realidad literaria según el proceso evocativo, porque la memoria no puede nunca recapturar el "misterio" de la realidad. Los recuerdos conscientes sufren el efecto destructor del tiempo, mientras que los inconscientes, los pensamientos de "lo otro", son indestructibles y lo atacan cada vez con más saña. Estos pensamientos, que lo asaltan de continuo y que el "narrador-escritor" describe como "secretos embozados", pertenecen al "misterio de lo otro", y se oponen al "misterio" de los recuerdos conscientes.[5]

El "narrador-escritor" decide entonces rendirse a esos "secretos embozados" que lo atacan sin tregua. En adelante, abandona el "misterio" de los recuerdos conscientes y se dedica exclusivamente al "misterio de lo otro":

> Al principio, después de pasada la sorpresa, tuve el impulso de denunciar los secretos. Después empecé a sentir cierta laxitud, un cierto placer tibio en seguir mirando, atendiendo, el trabajo silencioso de aquellos secretos y me fui hundiendo en el placer sin preocuparme por desatar mis pensamientos. Fue entonces cuando se fueron soltando, lentamente, las amarras que me sujetaban al presente.[6]

El "narrador-escritor" se ha dado cuenta de que lo importante no es dilucidar el "misterio" de los pensamientos conscientes (los que hasta ahora ha intentado enhilar para dotar de una estructura lógica su narración biográfica), sino el "misterio" de los pensamientos inconscientes, de ésos que él no busca, sino que lo buscan a él. El "misterio" de los pensamientos conscientes correspondía a una evocación lógica y racional del mundo. Este nuevo "misterio", sin embargo, corresponde a una evocación de la conciencia introspectiva del "narrador-escritor":

[5] *Idem.*
[6] *Idem.*

44

Entonces, cuando me dispuse a volver sobre aquellos mismos recuerdos me encontré con muchas cosas extrañas. La mayor parte de ellas no me habían ocurrido en aquellos tiempos de Celina, sino ahora, hace poco, mientras recordaba, mientras escribía y mientras me llegaban relaciones oscuras y no comprendidas del todo, entre los hechos que ocurrieron en aquellos tiempos y los que ocurrieron después, en todos los años que seguí viviendo.[7]

Al entregarse al "misterio" de los pensamientos inconscientes en ECP, en fin, el "narrador-escritor" lleva a su evolución final un proceso que había comenzado en "La envenenada". "Él se diferenciaba de los demás literatos, en que ellos ignoraban los misterios y las casualidades de la vida y de la muerte pero [él] se empecinaba en averiguarlos. . .",[8] dice allí el "narrador-escritor", como profetizando esa extraña saga en torno al "misterio de lo otro", que emprenderá luego en CC y en ECP.

La representación objetiva de "el misterio de lo otro"

José Pedro Díaz señalaba ya, en 1947, la importancia de la lección aprendida por el "narrador-escritor" de ECP, para la posterior producción literaria de Felisberto. Díaz percibió una relación directa entre la actitud del "narrador-escritor" de ECP ante "el misterio de lo otro", y su visión cada vez más cercana a lo fantástico:

Debemos decir que lo fantástico aparece como un modo de superar el callejón en el que [Felisberto Hernández] quedó encerrado en aquel momento crítico. El narrador ve socavada su tarea narrativa por la irrupción de elementos laterales que le obligan a atender a los procesos mismos de la creación y a dejar proliferar su relato en ramazones metafóricas, y advierte que aquí mismo, en ellas, está su tema. Probablemente ese nuevo núcleo temático se le hizo evidente en ECP; allí comprendió que su asunto no era la narración objetiva, ni siquiera la evocación de tiempos pasados, sino la objetivación de sus propios íntimos movimientos espirituales en relación con los temas aparentes de la narración; ni siquiera el diálogo mismo con los recuerdos, sino el modo de ese diálogo.[9]

[7] *Ibid.,* p. 27.
[8] Felisberto Hernández, "La envenenada", vol. I, *Obras completas de Felisberto Hernández* (Montevideo, Arca, 1970), p. 91.
[9] Felisberto Hernández, TLM, vol. IV, *Obras completas de Felisberto Hernández* (Montevideo, Arca, 1970), p. 97.

Díaz relaciona, como lo hace Todorov, la visión fantástica a la locura: lo fantástico surge de esa "ruptura de los límites entre la materia y el espíritu", entre lo "racional y lo irracional". El "narrador-escritor" de ECP se ha quedado "encerrado" en el callejón sin salida de la autobiografía consciente y evocativa. La frustración que siente al darse cuenta de que este camino literario ya no le resulta productivo provoca en él una crisis que lo sume en una especie de "locura", durante la cual lo asaltan cada vez con mayor fuerza los "pensamientos involuntarios". Estos pensamientos provienen, según José Pedro Díaz, de la ruptura entre lo consciente y lo inconsciente, entre el mundo de lo verificable por los sentidos y el mundo de lo extraordinario y de lo amenazador.

José Pedro Díaz señala, en fin, cómo en ECP el "narrador-escritor" se apropia por primera vez de una visión de ruptura de los límites (que él llama una "conciencia fragmentada de la realidad"), que en adelante ha de regir la visión felisberteana del mundo. En los libros que preceden ECP, el narrador "acomodará" la realidad de otra manera (de una manera fragmentada y ambigua), que le permitirá a los lectores hacer una lectura fantástica de los mismos.

LAS ANÉCDOTAS SEMILLAS

Felisberto hace buen uso de la lección aprendida por su narrador en ECP. En adelante se da cuenta de que la "conciencia fragmentada" del narrador constituye una fuente inagotable de temas. Es de entre los restos de esta "conciencia fragmentada" que escogerá las anécdotas de sus posteriores relatos fantásticos.

En los relatos de su tercera época, por ejemplo, Felisberto tomará un pensamiento involuntario, resultado de la "visión fragmentada" de la realidad que adquiere su narrador en ECP, y lo desarrollará como una anécdota narrativa que gira alrededor de un hecho insólito. Estos pensamientos semilla existen también en los relatos anteriores a ECP, pero sólo como elementos descriptivos (objetivaciones, símiles o metáforas), que no tienen nada que ver con la estructura anecdótica de los mismos. Desarrollados imaginativamente, sin embargo, estos pensamientos semilla (originalmente descriptivos) adquieren la independencia y la objetividad necesarias para ser leídos como sucesos fantásticos.

En el relato "El acomodador", por ejemplo, la mirada insólita del protagonista es el suceso que estructura toda la anécdota. Este suceso, desarrollado como suceso fantástico en "El acomodador", aparece como pensamiento semilla (pensamiento involuntario) en los relatos de la primera época. La mirada aparece por primera vez, como metáfora de objetivación y sinécdoque, en el relato "El convento":

Me senté en el salón ante la mirada de todos y sin atreverme a pensar en nada. Empecé a tantear todo con los ojos y con los oídos como cuando era niño, pero más que yo tantear las cosas, ellas pasaban por mi tacto.[10]

La mirada aparece nuevamente como metáfora de objetivación en el relato "La envenenada":

Desde la cama su mirada cruzó la habitación, el patio, y se dio contra una vidriera de vidrios opacos. ... Sin darse cuenta, la mirada se le había salido de la vidriera, le había revoloteado un poco, y se le había detenido en el bulto que los pies hacían debajo de las cobijas...[11]

Al comienzo de ECP, tal parece que al narrador niño se le acumularan en los ojos, iluminados por una luz extraordinaria, los objetos que guarda en el recuerdo. La mirada objetivada en los ojos del niño es aquí, una vez más, una metáfora poética y descriptiva, que el narrador utiliza para referirse al recuerdo, pero su elaborado desarrollo amenaza ya transgredir las fronteras de la anécdota. La mirada se convierte aquí en un poder extraño, que prefigura el resplandor fantástico que luego tendrán los ojos del acomodador (en el relato "El acomodador"):

En el instante de llegar a casa de Celina tenía los ojos llenos de todo lo que había juntado por la calle. Al entrar en la sala y echarles encima de golpe las cosas blancas y negras que allí había, parecía que todo lo que los ojos traían se apagaría.[12]

En "El acomodador", la mirada es ya un hecho objetivado, que ha adquirido la distancia imaginativa necesaria para convertirse en un suceso fantástico. No se trata ya aquí de una expresión metafórica y descriptiva, sino de un hecho real:

[10] Felisberto Hernández, "El convento", en LCA, en *Primeras invenciones,* vol. I de *Obras completas de Felisberto Hernández,* pp. 65-80. Se cita la p. 75.
[11] Hernández, "La envenenada", pp. 90-91.
[12] Hernández, ECP, p. 10.

Cada noche yo tenía más luz [dice el acomodador]. De día había lle-
nado la pared de clavos; y en la noche colgaba objetos de vidrio o porce-
lana: eran los que se veían mejor. En un pequeño ropero... guardaba
copas atadas al pie con un hilo, botellas con el hilo al cuello; platitos...
etcétera.[13]

La objetivación de la mirada se encuentra, en "El acomodador", relacionada a la ambigüedad. No se sabe si la mirada es un suceso sobrenatural que tiene existencia propia, o si el acomodador sólo imagina que
ilumina los objetos en la oscuridad (con lo cual la mirada sería un sín-
toma de locura en el personaje). Desde el comienzo del relato el narrador
ha tenido el cuidado de establecer que el acomodador no es un personaje
normal. Por un lado tiene complejo de inferioridad, y se siente como "un
ratón debajo de muebles viejos", mientras por otro lado tiene delirios de
grandeza, y mira a los espectadores del cine "con respeto y desprecio".[14]
En cierto momento, el personaje mismo dice que teme perder la razón
a causa del resplandor de su mirada:

Una noche me atacó un terror que casi me lleva a la locura. Me había
levantado para ver si quedaba algo más en el ropero; no había encendido
la luz eléctrica y vi mi cara y mis ojos en el espejo, con mi propia luz. Me
desvanecí. ...Me juré no mirar nunca más aquella cara mía y aquellos
ojos de otro mundo.[15]

Pese a estos indicios de anormalidad en el personaje, sin embargo, la
naturaleza neurótica de la mirada no llega nunca a establecerse, y el suceso permanece ambiguo. En "El acomodador", en fin, el narrador ha
despojado a la mirada de la naturaleza metafórica y descriptiva que po-
seía en "El convento" y en "La envenenada", y la ha convertido en el
elemento más importante de la anécdota.

El llanto constituye un segundo ejemplo de cómo el narrador desarrolla un pensamiento semilla, que en los relatos tempranos aparece como
un elemento descriptivo y metafórico, en la anécdota de un relato fantástico. En LCA el narrador recordaba cómo, de niño, solía llorar luego de
ciertos sucesos tristes, identificando este llanto con un "comentario invo-

[13] Felisberto Hernández, "El acomodador", en *Nadie encendía las lámparas,* vol. III
de *Obras completas de Felisberto Hernández* (Montevideo, Arca, 1967), p. 30.
[14] *Ibid.,* p. 27.
[15] *Ibid.,* pp. 30-31.

luntario".[16] El llanto era aquí, una vez más, un llanto metafórico, que describía una manera particular de ver el mundo como algo cruel y sin propósito:

...cuando yo era niño y empezaba a llorar, me empezaba el comentario de mi tristeza, y seguía llorando hasta que se me terminaba el comentario... Otras veces me ocurría que ese comentario me venía y empezaba a sentir las cosas y el destino... de mi manera especial...[17]

El "llanto involuntario" reaparece en "El cocodrilo", ya no como llanto descriptivo y metafórico, sino como un hecho insólito, alrededor del cual gira la anécdota. Al igual que en LCA, el llanto del protagonista de "El cocodrilo" sigue siendo el resultado de la crueldad injustificada del destino, pero el "comentario" ha sido eliminado, y el narrador sólo presenta el hecho escueto.[18] El llanto, transformado imaginativamente, se ha convertido en algo diabólico; ha adquirido la objetividad y distancia necesarias del suceso fantástico. La objetivación del llanto en "El cocodrilo" se encuentra, a más de esto, una vez más relacionada a la ambigüedad: no se sabe nunca si el llanto del protagonista es un hecho sobrenatural, que atenta contra las leyes del mundo racional, o si se debe a la locura progresiva del protagonista.

Sería demasiado extenso señalar aquí de qué manera, en cada uno de los relatos fantásticos de Felisberto, el narrador evoluciona la anécdota narrativa de un pensamiento semilla o pensamiento involuntario, empleado metafóricamente en las obras tempranas. La anécdota de la joven enamorada de un balcón, la anécdota de la mujer que vive flotando en una casa inundada, la anécdota de las mujeres-muñecas, todas tienen, como sucede en "El acomodador" y "El cocodrilo", su origen en un pensamiento insólito, originado en el inconsciente y estas anécdotas todas se anuncian en los relatos tempranos de Felisberto. Este hecho sólo resulta evidente, sin embargo, al analizar la obra a la luz del descubrimiento que el narrador lleva a cabo en ECP: cómo transformar los pensamientos

[16] Felisberto Hernández, "La cara de Ana", en LCA, en *Primeras invenciones*, volumen I de *Obras completas de Felisberto Hernández* (Montevideo, Arca, 1969), página 65.

[17] *Idem.*

[18] Felisberto Hernández, "El cocodrilo", en *La casa inundada y otros cuentos*, en *Primeras invenciones*, vol. I de *Obras completas de Felisberto Hernández* (Montevideo, Arca, 1969), p. 86.

semilla, provenientes de su "conciencia fragmentada" de la realidad, en sucesos fantásticos.

En resumen, el narrador de ECP, al profundizar en "el misterio de lo otro", lleva a cabo dos descubrimientos fundamentales, que le permitirán a Felisberto sentar las bases para su posterior literatura fantástica. En primer lugar, el narrador descubre cómo dotar de objetividad y distancia esos pensamientos semilla que han venido persiguiéndolo desde sus primeras obras. En segundo lugar, al transformar las metáforas descriptivas de los primeros relatos en sucesos insólitos que estructuran la anécdota (como sucede, por ejemplo, con la mirada y el llanto), deriva la esencia de lo fantástico de la escritura misma.

EL DESCUBRIMIENTO DEL NARRADOR IMPARCIAL

La decisión que toma el narrador en ECP, de profundizar en el "misterio de lo otro", en lugar de en el "misterio" de los recuerdos conscientes, lleva a Felisberto a hacer un segundo descubrimiento, tan importante para su narrativa fantástica como el desarrollo de la anécdota partiendo de un pensamiento involuntario: el descubrimiento de un narrador imparcial, que establece una distancia necesaria entre él y los sucesos descritos. Este nuevo narrador dramatizado no llega a ser todavía, en estos relatos del segundo periodo, el narrador "no-confiable" que exige el relato fantástico, pero constituye un ascendiente importante del mismo.[19]

La crisis que sufre el "narrador-escritor" en ECP le descubre a Felisberto la importancia de la "visión fragmentada" de la realidad en el desarrollo de sus nuevas anécdotas. Es por medio de esta visión que también descubre un nuevo punto de vista narrativo: el del narrador imparcial. Ya vimos cómo, en el momento de la anagnórisis, cuando el narrador de ECP decide entregarse a esos pensamientos involuntarios que lo acosan, la distancia entre el narrador y sus recuerdos se reduce a un mínimo. Cuando el narrador sufre la crisis que lo lleva a abandonar su relato autobiográfico, siente que su personalidad se desintegra. Su antiguo yo, el que vivía "amarrado" a los espectáculos del pasado, comienza a esfumarse, y un segundo "yo" va tomando poco a poco su lugar. "Entonces", dice, "cuando supe que no podría prescindir de aquellos espectáculos... empecé a

[19] Ver la nota 27 del capítulo v para la definición del narrador "no-confiable" que caracteriza el relato fantástico.

ser otro, a cambiar el presente y el camino del futuro..." [20] Ese segundo "yo", fragmento del narrador original, en adelante ha de prescindir de los recuerdos conscientes y de su carga de sentimientos dolorosos. "Los nuevos recuerdos", dice, "serían como atados de ropa que me pusieran en la cabeza: al seguir caminando los sentiría pesar en ella y nada más".[21]

El narrador llama a este nuevo "yo", "su socio". Como si se tratara del miembro secreto de una sociedad clandestina, este "yo" anónimo (y subversivo) le permite una nueva visión del mundo y de las cosas: la visión de la objetividad y de la distancia artística.[22] Hasta ese momento, la narración había sufrido de una excesiva introspección, a la vez que de una evocación demasiado consciente de los recuerdos, que amenazaba convertirse en un callejón sin salida. El nacimiento del "socio", sin embargo, le permite al narrador cortar las amarras de la introspección y de la conciencia, y dar por fin rienda suelta a su imaginación. El "socio", en adelante, es quien dará la cara en esos negocios turbios que ella conlleva: cargará con los fardos de los recuerdos, tanto de la mala como de la buena conciencia. El narrador se da cuenta del enorme valor innovativo de su descubrimiento, y al final de ECP así lo confirma:

Sin embargo, aquella madrugada, yo me reconcilié con mi socio. ...Como yo quería entrar en el mundo, me propuse arreglarme con él y dejé que un poco de mi ternura se derramase por encima de todas las cosas y las personas. Entonces descubrí que mi socio era el mundo.[23]

La fragmentación de la personalidad que sufre el narrador en ECP, en fin, le permite descubrir un punto de vista imparcial, que establece una distancia antes no lograda entre él y los sucesos descritos. Al apropiarse de su "segundo yo", el narrador imparcial logra cortar las amarras de la subjetividad y de la evocación, dándole por fin rienda suelta a su imaginación.

En resumen, en los relatos de su segundo periodo Felisberto lleva a cabo dos descubrimientos fundamentales. Por un lado, la representación objetiva del "misterio" de la realidad le permite dar el salto a la literatura fantástica; por otro lado la representación objetiva del "misterio" de la

---

[20] Hernández, ECP, p. 39.
[21] *Ibid.*, p. 40.
[22] *Ibid.*, p. 41.
[23] *Ibid.*, pp. 43-44.

escritura le confiere a su narrativa una mayor auto-referencialidad. A pesar de que estos relatos no llegan a ser fantásticos (permanecen todos como relatos evocativos), su representación objetiva del "misterio" le permite a Felisberto desarrollar tres técnicas que lo acercan a lo fantástico: descubre cómo dotar de objetividad y distancia los pensamientos semilla que, originados en el subconsciente, han venido persiguiéndolo desde sus primeras obras; descubre cómo transformar las metáforas descriptivas en sucesos insólitos que, más tarde, en los relatos de su tercer periodo, le servirán para estructurar parcialmente sus anécdotas fragmentadas; y la fragmentación que sufre su "yo" narrador en "socio" subversivo le permite descubrir al narrador imparcial.

V. LOS RELATOS DE LA TERCERA ÉPOCA: MADUREZ DE TEMAS Y TÉCNICAS FANTÁSTICAS

Los CRÍTICOS suelen incluir en los relatos de la tercera época de Felisberto, los que publicó luego de su regreso de su viaje a París: NELL, LCI y LH. En estos relatos Felisberto se ha desligado por fin del subjetivismo de su primer periodo y de la evocación biográfica del segundo, logrando una ambigüedad de temas y técnicas que hace plenamente posible ese trastocamiento de los planos de lo real, imprescindible a la literatura fantástica.

AMBIGÜEDAD DE FONDO: EL EROTISMO Y LA AMBIGÜEDAD

El erotismo es, en estos relatos de la primera época de Felisberto, un erotismo frustrado, que expresa el fracaso del narrador en su búsqueda de satisfacciones sexuales y emocionales. En los relatos de la tercera época hay una intensificación de la angustia ante el fracaso erótico. En ninguno de ellos se logra el contacto físico, ni siquiera la comunicación más elemental del cuerpo. Las relaciones eróticas entre los personajes siempre se frustran (por ejemplo, la relación del pianista con la joven del balcón, o la del acomodador con la ahogada), y los personajes sólo logran establecer relaciones satisfactorias al nivel de los objetos (el vendedor de medias acaricia las medias "ilusión"; el acomodador "penetra" los objetos con la luz que le emana de los ojos; Horacio "hace el amor" con muñecas infladas de agua tibia, etc.). En estos relatos, en fin, Felisberto parece llegar a un convencimiento irrevocable sobre la soledad intrínseca de la existencia humana. El hombre se encuentra condenado a la incomunicación, no sólo intelectual, sino corporal.

El erotismo de estos relatos, por otra parte, se encuentra siempre relacionado a la locura, lo que le da un carácter ambiguo. La joven de "El balcón", por ejemplo, no sólo se enamora de un balcón de invierno, sino que "vive" dentro del balcón y siente que se moriría si saliera fuera de él. Este confinamiento dentro del balcón es simultáneamente una imagen erótica (la joven está enamorada *físicamente* del balcón, lo abraza, etc.) y una imagen ambigua (su enamoramiento parece ser el resultado de la "locura" que provoca en ella el aislamiento aterrador en que vive encerrada en casa de su padre).

El protagonista de "El acomodador" experimenta, al igual que la joven de "El balcón", una soledad aterradora. Duerme solo en su camarín y no tiene amigos; en las noches se entretiene iluminando los objetos de su cuarto con la extraña luz que le emana de los ojos. Su poder de ver en la oscuridad puede ser el resultado de la "locura" que le provoca su angustiante soledad; y puede también ser esa "locura" lo que le permite establecer una relación erótica con los objetos. En este pasaje, por ejemplo, el protagonista "mete los ojos" dentro de una habitación prohibida, como si se tratara de una violación:

> En una de las cenas y antes que apareciera el dueño de la casa en la portada blanca vi la penumbra de la puerta entreabierta y sentí deseos de meter los ojos allí.[1]

En LCI la relación de la señora Margarita con el agua es también una relación erótica. El agua que inunda su casa puede verse como un agua sexual, que la comunica erótica (y mágicamente) con su marido muerto. Es por esto que el protagonista del relato se siente invadido por los celos, al ver a la señora Margarita celebrar sus rituales de agua. En *Las Hortensias* la relación erótica de Horacio con los objetos es aún más evidente. Las muñecas son objetos erotizados, que generan toda la dinámica del cuento. Tanto en la señora Margarita como en Horacio, la relación erótica con los objetos es el resultado de una "locura" latente. La señora Margarita padece una "neurosis" inofensiva: inundar la propia casa y convertirla en piscina no son actos de gente normal. En Horacio, por otro lado, la "neurosis" es más violenta: sus relaciones eróticas con las muñecas desembocan en la desmembración y en la muerte.

EL EROTISMO Y SU FUNCIÓN SOCIAL

En estos relatos Felisberto trata tres de los temas eróticos que Todorov define como característicos de la literatura fantástica: el incesto, la relación en trío y la atracción sexual ejercida por los cadáveres (o el amor y la muerte).[2] Al darle una forma artística a estas versiones tradicional-

---

[1] Hernández, "El acomodador", p. 31.
[2] Todorov, pp. 157-166.

mente proscritas del deseo, los relatos están llevando a cabo una función social: en todos ellos toma lugar un "exorcismo" de actos tradicionalmente prohibidos por la sociedad. En ellos el lector encuentra una nueva libertad (Rabkin la define como "escape"), que le permite examinar con detenimiento, sin sufrir represalias por ello, el reverso del mundo de su mente.[3]

Los relatos "El balcón", "El acomodador", LH y LCI, por ejemplo, giran todos alrededor del deseo sexual. En ellos el deseo ejerce sobre el protagonista un dominio constante, que motiva todos sus actos. Este deseo es, a más de esto, un deseo perverso: en "El balcón", el pianista se enamora de la hija del dueño, que está evidentemente enajenada; en "El acomodador" la hija ha intentado suicidarse, y está evidentemente trastornada; en LCI la señora Margarita es monstruosamente gorda.[4] En todos estos relatos, en fin, el personaje de quien el narrador se enamora es un personaje anormal.

"El balcón", "El acomodador" y LH, por otra parte, tratan todos el tema del incesto y de la relación en trío. En "El balcón" y en "El acomodador", el padre y la hija viven solos en una quinta-palacete, y el narrador viene a interrumpir la relación entre ambos. En "El balcón", el triángulo inicial se establece entre el padre, la hija y el balcón, pero esta relación se interrumpe al aparecer el narrador pianista en escena. En "El acomodador", la hija siempre permanece oculta, como si viviera en el palacete secuestrada por su padre. El narrador-acomodador viene, como el narrador-pianista de "El balcón", a interrumpir esa relación incestuosa. Cuando el padre descubre la presencia del narrador-acomodador en la sala del palacete, su reacción es una reacción de celos. Le pregunta, muy alterado, si su hija "lo había invitado a entrar allí".

En LH, por otra parte, desde el principio del relato se establece una relación incestuosa y en trío entre Horacio, María y la muñeca llamada Hortensia. Hortensia es como una hermana para María (ella le enseña a leer, y la viste "como si fuera su hermana"),[5] y es también como una hija para ambos (Horacio y María le celebran su fiesta de cumpleaños).[6] María acuesta a Hortensia en la cama matrimonial, entre ella y Horacio, y "las piernas de los tres le parecían raíces enredadas de árboles próxi-

[3] Rabkin, p. 45.
[4] Hernández, LCI, en *La casa inundada y otros cuentos* (Barcelona, Lumen, 1975), p. 25.
[5] Hernández, LH, pp. 19-20.
[6] *Ibid.*, p. 35.

55

mos".[7] La relación incestuosa y en trío entre Horacio, María y la muñeca Hortensia, termina, como la de los relatos antes mencionados, desintegrándose.

El tercer tema erótico de estos relatos es la atracción sexual ejercida por los cadáveres, o el amor y la muerte. El protagonista busca siempre en ellos establecer relaciones eróticas con mujeres cercanas a la muerte u obsesionadas por ella. En "El balcón", por ejemplo, la hija da la sensación de vivir amortajada en vida: aparece siempre vestida con un camisón blanco, y "su cabello rubio y desteñido y su cuerpo delgado también parecían haber sido abandonados desde mucho tiempo".[8] En LCI la señora Margarita vive enamorada de un difunto (el marido muerto), mientras que en "El acomodador" el protagonista se enamora de una suicida fantasma que, al final del relato, se transforma en cadáver putrefacto.

LH es el relato en el cual el tema de la atracción sexual ejercida por los cadáveres toma su forma más original. Horacio organiza, en las vitrinas que ha hecho construir en su casa, una serie de escenas, que pertenecen todos al drama del amor y de la muerte. Las muñecas mimetizan este drama de diferentes maneras dentro de las vitrinas. En la primera vitrina, por ejemplo, aparece una muñeca vestida de novia y tendida sobre una cama.[9] A pesar de que tiene los ojos abiertos, no se sabe si está viva o está muerta. La leyenda que Horacio lee en el papelito que corresponde a esa escena le informa que la novia se acaba de envenenar, momentos antes de casarse con el hombre a quien no ama. En la segunda escena, aparece una mujer encinta, recluida en un faro.[10] Esta mujer, según la leyenda, se ha retirado del mundo porque le critican sus amores con un marino. Al contemplar esta vitrina, Horacio tiene la sensación de que "estaba violando algo tan serio como la muerte".[11] En la tercera escena, aparecen dos muñecas, una rubia (la Hortensia que Horacio y María tratan como si fuera una hija) y otra morena (que se parece a María, la mujer de Horacio), disfrazadas de manolas de carnaval.[12] La leyenda indica que ambas estaban enamoradas del mismo hombre, y este espectáculo hace pensar a Horacio en el papel que desempeñará la muñeca

[7] *Ibid.* p. 33.
[8] Hernández, "El balcón", p. 16.
[9] Hernández, LH, p. 12.
[10] *Ibid.*, p. 16.
[11] *Idem.*
[12] *Ibid.*, p. 28.

Hortensia luego de la muerte de su mujer. (La muñeca rubia sustituirá a María Hortensia y ésta, en venganza, la descuartizará con un cuchillo de cocina).[13] La atmósfera mórbida del relato depende en gran parte de la presencia de estas muñecas, que son como cadáveres ambulantes, a los que se les ha hecho imposible la descomposición.

En LH, finalmente, el incesto y la relación en trío degenera en una serie de orgías sexuales que Horacio celebra con sus muñecas. Estas orgías desembocan siempre en la muerte. Luego de hacerle el amor a Eulalia, la muñeca espía, por ejemplo, Horacio "amaneció" con un gran cansancio y a la noche tuvo miedo a la muerte. "Se sentía angustiado de no saber cuándo moriría ni en el lugar que primero sería atacado".[14] Esa misma noche Horacio decide suicidarse, y camina enloquecido hacia el ruido de las máquinas.

LO FANTÁSTICO A NIVEL DE LOS SUCESOS ANECDÓTICOS: LA LOCURA Y LA AMBIGÜEDAD

En estos relatos toman lugar ciertos sucesos anecdóticos que aparentemente atentan contra las leyes de lo racional: una joven se enamora de un balcón "que se suicida" por celos; un acomodador emite una luz insólita por los ojos que le permite ver en la oscuridad; una mujer se comunica con su marido muerto a través del agua, etc. Estos sucesos toman lugar en los relatos en un sentido concreto y no metafórico: el balcón se viene físicamente al suelo; la luz que le emana al acomodador de los ojos es verificada por el mayordomo; la señora Margarita celebra velorios de agua durante los cuales le envía mensajes a su marido muerto. La ambigüedad de los sucesos anecdóticos se debe a la neurosis que afecta a los narradores. Los narradores-protagonistas de "El acomodador", de "El cocodrilo", y de LH, son todos semi-locos razonantes; mientras que en "El balcón" y "La casa inundada" la hija y la señora Margarita son también personajes anormales. A excepción de LH, todos estos relatos se encuentran narrados en primera persona por un narrador "no confiable", cuya "no-confiabilidad" es doble: porque es un narrador técnicamente "no-confiable", y porque su visión se encuentra alterada por la irracionalidad.[15]

[13] *Idem.*
[14] *Ibid.*, pp. 71-72.
[15] En la nota 27 de este capítulo nos referiremos en detalle al narrador "confiable" y al narrador "no-confiable".

LH, por otro lado, a pesar de estar narrado en tercera persona, puede también considerarse un relato narrado por un narrador "no-confiable". La tercera persona narrativa se encuentra aquí muy cercana a la perspectiva de Horacio (es una tercera persona emboscada detrás de una primera), y Horacio es un personaje que se encuentra al borde de la locura desde el comienzo del relato.

LA LOCURA Y SU FUNCIÓN SOCIAL: LOS TEMAS DE LA ANGUSTIA

La locura ejerce, en los relatos de la tercera época, una función social que coincide con la definición que hace de ella Rabkin, al analizar la naturaleza del relato fantástico. La objetivación de la angustia resulta en ellos característica de esa literatura de "escape" a la que se refiere el crítico norteamericano. Es por medio de la "locura" que los personajes narradores intentan rebelarse contra la sociedad.

En los relatos de la primera época, la ambigüedad era el resultado de ciertas neurosis que afectaban a los narradores, sin que se le explicaran jamás al lector las causas de las mismas. En estos últimos relatos Felisberto se refiere claramente a ellas: la angustia existencial de los personajes es el resultado de la soledad, de la enajenación y del fracaso. Los narradores de "El balcón", "El cocodrilo" y LCI, por ejemplo, son todos personajes fracasados que rehúsan conformarse al molde que la sociedad les quiere imponer. El protagonista de "El balcón", como el protagonista de "El cocodrilo", es un pianista fracasado, que busca una salida a la pobreza en que viven. En LCI el protagonista es un escritor empobrecido que se refugia en la casa de la señora Margarita (sus cuentos ni se leen ni se venden). En todos estos relatos el artista (pianista o escritor) se prostituye; se ve obligado a sacrificar su "arte" para "comer bien por unos días" o para "ganar algún dinero". En "El cocodrilo", por otro lado, el pianista abandona el piano para hacerse vendedor de medias, porque en este oficio al menos gana lo suficiente para comer. En LCI la señora Margarita, que es un ser excepcional, admira los cuentos del escritor. Lo ha empleado como remero precisamente por ser un buen cuentista, lo que el escritor siente como el colmo de la humillación. En "El acomodador" y en LH, por otro lado, el protagonista no es ni pianista ni escritor, pero sigue siendo artista. El acomodador cultiva "el arte" de ver en la oscuridad con verdadero virtuosismo, y Horacio vive dedicado a componer e interpretar escenas de muñecas como si se tratara de las escenas de un teatro.

La actividad artística a la cual cada uno de estos personajes se ha entregado (llorar, escribirle poemas a un balcón, ver en la oscuridad, dirigir escenas de muñecas, tocar el piano, etc.), en fin, tiene su origen en la rebelión social. El narrador de "El cocodrilo", por ejemplo, llora porque ha fracasado como pianista, y de aquí la ironía tácita de la satisfacción que siente, cuando las muchedumbres asisten a sus conciertos de llanto. La joven de "El balcón" se enamora de un balcón y le escribe poemas para vengarse de la tiranía de su padre, que la ha condenado a vivir aislada en su quinta de campo. El acomodador cultiva igualmente su capacidad de ver en la oscuridad como un gesto de desafío, poco después de que lo echen de su trabajo como acomodador de cine de barrio.

Al igual que el pianista de "El cocodrilo", el acomodador es un incomprendido, un fracasado en su oficio. Su habilidad insólita de ver en la oscuridad (como el llanto del cocodrilo), es simultáneamente una actividad subversiva y un comentario irónico. En una sociedad materialista, en la cual a nadie le interesa el arte (ni la literatura ni los conciertos de piano), en la cual las hijas solteras viven secuestradas en vida por sus padres, y en la cual los empleados anónimos como los acomodadores de cine se mueren de soledad y de hambre, la única manera de rebelarse ante la injusticia, es desarrollando una habilidad artística (subversiva, diabólica): dando conciertos de llanto, escribiéndole poemas a un balcón, o viendo con luz propia en la oscuridad. No importa cómo se haga ni lo que se haga, la única manera de rebelarse ante la sociedad es cultivando una actividad artística, siendo un artista.

El mundo en que viven los personajes-artistas de Felisberto, en resumen, es un mundo cruel e inhumano, en el cual las categorías de los valores del espíritu han quedado subvertidas, puestas en entredicho. En este mundo la caridad no existe, y el arte ha sido puesto al servicio del materialismo y del consumismo. Los personajes-artistas de Felisberto son por esto seres angustiados, ignorados y humillados, que pretenden poner en práctica los ideales despreciados por su mundo.

Felisberto presenta siempre los temas de la locura de una manera oblicua, que le confiere a sus relatos el matiz de una escritura prohibida. El tema de las metamorfosis se encuentra en ellos de esta manera relacionado a la esquizofrenia y a la fragmentación de la personalidad. Las metamorfosis de Felisberto son metamorfosis metafóricas, que no toman lugar (a excepción de en "El acomodador") en un sentido concreto. Son expresiones lingüísticas que simbolizan estados psicológicos angustiantes, según éstos son experimentados por los narradores.[16]

En LCI, por ejemplo, la señora Margarita se va convirtiendo, a los ojos del narrador, en la casa inundada que habita. El narrador nos describe esta metamorfosis por medio de un lenguaje metafórico basado, por un lado, en la objetivación de la señora Margarita y, por otro lado, en la animación (o personificación) de su casa.

Al comienzo del relato el narrador compara el enorme cuerpo de la señora Margarita con su enorme casa, y establece una correspondencia entre ambas:

> ...una vez que la vi de frente [a la señora Margarita], tuve la impresión de que los vidrios gruesos de sus lentes les enseñaban a los ojos a disimular y que la gran vidriera terminada en cúpula que cubría el patio y la pequeña isla era como para encerrar el silencio en que se conservan los muertos. ...Y me gustaba saber que aquella casa, como un ser humano, había tenido que desempeñar diferentes cometidos: primero fue casa de campo; después instituto astronómico, ...y finalmente la señora Margarita la compró para inundarla.[17]

La casa, según el narrador, tiene vida propia, y se encuentra irrigada por el agua como un cuerpo por la sangre: el agua entra y sale por sus pasillos y avenidas gracias a una serie de válvulas invisibles que recuerdan arterias y venas.[18] En otra ocasión, el narrador compara el cuerpo de la señora Margarita con el "lomo de una elefanta blanca",[19] y más adelante identifica la casa con el cuerpo "de un animal prehistórico".[20]

[16] Los relatos del tercer periodo coinciden, en este sentido, con la definición que hace Todorov del relato fantástico moderno. Los sucesos insólitos han pasado a formar parte en ellos del mundo subjetivo, internalizándose en el hombre. Todorov, p. 144.

[17] Hernández, LCI, p. 12.

[18] *Idem.*

[19] *Idem.*

[20] *Ibid.*, p. 21.

Una metamorfosis similar ocurre en "El cocodrilo", donde el narrador-pianista se mira en el espejo de su cuarto de hotel, y le parece notar una similitud aterradora entre su rostro y el rostro de un cocodrilo, cuya postal le acaban de regalar unos amigos.[21] La experiencia desemboca en una esquizofrenia consciente: el narrador piensa que su rostro ha comenzado a llorar por voluntad propia, tal y como si se tratara del rostro de un cocodrilo. La metamorfosis se encuentra aquí no solo basada en la objetivación o animalización (el vendedor de medias convertido metafóricamente en cocodrilo), sino en una metáfora del lenguaje coloquial: el llanto del narrador, por tratarse de un llanto falsificado (por medio del cual engaña a sus clientas para que le compren sus medias), es, literalmente, un "llanto de cocodrilo", un llanto hipócrita.

De igual manera, en LH el narrador describe cómo el protagonista se va transformando paulatinamente en "muñeco". Al comienzo del relato, el narrador presenta a Horacio contemplando el "display" de muñecas en las vitrinas de su almacén de ropa "La Primavera". El narrador afirma que Horacio siente la cabeza sobresaliéndole "entre las vitrinas con fijeza de muñeco".[22] Al final del relato, cuando Horacio camina enloquecido "hacia el ruido de las máquinas" el narrador describe su cuerpo moviéndose con movimientos de autómata, "como un muñeco al que se le ha roto la cuerda".[23]

En "El acomodador", por otra parte, la metamorfosis que nos describe el narrador es un fenómeno diferente. El narrador-acomodador, cuyo oficio consiste en alumbrarles el camino a los "espectadores" de un cine, se va convirtiendo poco a poco en linterna.[24] Esta metamorfosis no es, como las que describimos aquí anteriormente, una metamorfosis estrictamente metafórica, empleada para designar, a nivel lingüístico, el estado anímico del personaje, sino que es una metamorfosis ambigua. El hecho insólito de la luz que le emana al narrador por los ojos parece ser verificado por el mayordomo del palacete, así como por él mismo (al contemplarse en el

[21] Hernández, "El cocodrilo", pp. 85-86.
[22] Hernández, LH, p. 86.
[23] *Ibid.*, pp. 91-92.
[24] En este relato toma lugar una segunda metamorfosis posible: la de la hija del dueño del palacete en cadáver putrefacto. Esta metamorfosis no participa del carácter metafórico de las discutidas en este capítulo, por lo cual no la discutiremos aquí. La metamorfosis del balcón en personaje que ama, en el relato "El balcón", por otra parte, la discutiremos un poco más adelante, como parte de la técnica de objetivación, en el relato fantástico.

61

espejo de su habitación), con lo cual la metamorfosis pasa a ser, además de un suceso metafórico, un suceso posiblemente fantástico.[25]

En los cuatro relatos que hemos analizado aquí, los personajes adquieren, a los ojos del narrador, las mismas características de esos objetos, animales o lugares que los obsesionan. Estas metamorfosis no son nunca físicas (salvo en el caso de "El acomodador"), sino metafóricas, simbólicas de los estados psicológicos que experimentan los personajes. La metamorfosis de la señora Margarita en la casa inundada de agua que habita es, en este sentido, una metáfora de la pena que la inunda; la metamorfosis del pianista-vendedor de medias en cocodrilo es una metáfora de la hipocresía que se ha visto obligado a asumir para vender sus medias; la metamorfosis de Horacio en muñeco es una metáfora de su progresiva enajenación, provocada por su obsesión con las muñecas; etcétera.

El tema del doble es el segundo tema importante de los relatos del tercer periodo de Felisberto, y se encuentra también relacionado a la esquizofrenia y a la fragmentación de la personalidad. El relato en que más abundan los dobles es LH. En él los personajes se multiplican y contraponen en combinaciones múltiples, como el intrincado ramaje de un árbol o como una proliferación celular: la muñeca Hortensia es gemela de María Hortensia; las criadas que ayudan en la casa son mellizas, y entre las muñecas hay por lo menos dos pares de gemelas: las manolas de carnaval y las indígenas de la escena final. En realidad, todos los personajes del relato, así como también las muñecas, son desdoblamientos de Horacio, el protagonista. (Horacio, como director de escenas, es, a su vez, un desdoblamiento del "escritor".) Por esto la mujer de Horacio se llama María Hortensia, y todas las muñecas se llaman Hortensia. La repetición de la sílaba "Hor" en el apelativo de todos los personajes es una pista que el autor nos ofrece, para indicarnos que el relato se trata de la multiplicación de la personalidad.[26]

[25] El narrador se da cuenta de su metamorfosis, que él mismo identifica, en un pasaje aterrador, con la esquizofrenia. Cuando se mira en el espejo de su habitación, ve que sus ojos: "...eran de un color amarillo verdoso, que brillaba como el triunfo de una enfermedad desconocida; los ojos eran grandes redondeles, y la cara estaba dividida en pedazos que nadie podría juntar ni comprender. Hernández, "El acomodador", p. 31.

[26] Nieto ha señalado el uso repetido de la sílaba "Hor" en el apelativo de los personajes. Nieto, p. 153.

Las técnicas que Felisberto emplea en estos relatos contribuyen, al igual que los temas que trata, a su ambigüedad. Estas técnicas logran la representación objetiva del "misterio" de la realidad al nivel de la escritura en sí. Gracias a ellas, el "misterio" de la realidad es incorporado al texto, y queda allí representado, en lugar de analizado o explicado (como sucede en los relatos del primer y segundo periodos). El punto de vista narrativo es la principal de estas técnicas.[27]

En los relatos de la tercera época de Felisberto existe una diferencia considerable entre la visión de mundo que sostienen los narradores-personajes y la visión de mundo que sostiene el autor implícito. En todos ellos toman lugar sucesos insólitos, que pueden o no ser consecuencia de la visión neurótica del narrador: un balcón se "suicida", un vendedor convence a sus clientas de que le compren su mercancía por medio del llanto, un acomodador ilumina objetos con la luz que le emana de los ojos en la oscuridad, etc. Los narradores-personajes, por otro lado, provienen siempre de un mundo común y corriente, que encuadra los sucesos insólitos narrados: el mundo de todos los días (donde es necesario ganarse la

---

[27] Conviene aquí, antes de discutir a fondo el punto de vista narrativo empleado por Felisberto en estos relatos, establecer la diferencia entre un narrador "confiable" en primera persona, y un narrador "no-confiable". En la opinión del crítico norteamericano Wayne Booth, en toda obra de ficción existe un autor implícito, muy distinto del autor real: "Hasta en aquellas novelas en las cuales no se dramatiza al narrador existe la imagen implícita de un autor que se mantiene tras bastidores, como un Dios indiferente que se recorta las uñas. Este autor implícito es siempre distinto del 'hombre real', que crea una versión superior de sí mismo, un 'segundo yo', mientras crea su obra." Booth, p. 151.
El narrador "confiable" actúa siempre de acuerdo con el autor implícito, mientras que el "no-confiable" es todo aquel que deja de hacerlo. La distancia que se establece entre el narrador personaje y el autor implícito permite la "no-confiabilidad" del primero. Según Booth, "los narradores no-confiables difieren marcadamente entre sí, dependiendo de cuán lejos y en cuál dirección se apartan de las normas del autor implícito". El narrador "no-confiable" es, en otras palabras, aquel que más se distancia de la visión de mundo del autor implícito, y niega o contradice sus opiniones. Booth, pp. 158-159.
En la opinión de Tzvetan Todorov, la "no-confiabilidad" del narrador en primera persona depende también de esta distancia entre el narrador y el autor implícito: "...en el texto, sólo lo atribuible al autor escapa a la prueba de verdad; la palabra de los personajes, por el contrario, puede ser verdadera o falsa, como en el discurso cotidiano". Todorov señala que este doble juego contribuye a la ambigüedad del relato, razón por la cual el narrador "no-confiable" conviene perfectamente a lo fantástico. Todorov, p. 151.

vida trabajando en lo que se ofrezca, sacrificando a menudo la vocación artística), se rige por leyes utilitarias y de ninguna manera fantásticas. Es el mundo "normal", en fin, que responde a la visión del "autor implícito" a la que se refiere Booth.

La diferencia entre la visión del narrador personaje y la del autor implícito en los relatos de Felisberto se define por medio de dos recursos, que permiten la existencia del narrador "no-confiable": en primer lugar, por medio de la distancia que se establece entre el narrador personaje y los hechos, y en segundo lugar por medio de los pactos que se establecen entre el narrador-personaje y los personajes secundarios.

En los relatos de NELL, así como en LCI y LH, por ejemplo, el narrador ya no analiza ni cuestiona los sucesos insólitos que suceden a su alrededor, sino que los acepta con indiferencia, como si se tratara de sucesos normales. Esta indiferencia constituye una intensificación de la "imparcialidad" que adquiere el narrador, luego de la llegada del "socio", en los relatos del segundo periodo (CC y ECP). Al final de "El balcón", por ejemplo, lejos de asombrarse cuando la hija le asegura que el balcón se "suicidó" por celos, el narrador protagonista acepta tranquilamente el hecho.[28]

La falta de asombro del narrador-personaje ante el suceso insólito del "suicidio" del balcón establece de inmediato la duda en la mente del lector: éste ignora si el narrador-personaje piensa que el suceso ha sido imaginado por la hija y es el resultado de su neurosis, o si ha tenido una existencia real. El narrador-protagonista se ha convertido en un narrador "no-confiable": no se sabe si engaña al lector, o si le relata la verdad.

En "El acomodador", por otro lado, la "no-confiabilidad" del narrador-protagonista es aún más notable. En este relato el suceso insólito es experimentado por el narrador-protagonista mismo, y no por un personaje secundario. (En "El balcón", por ejemplo, es la hija la que presencia el "suicidio del balcón", y le narra el suceso al protagonista.) La impasibilidad con que el narrador-protagonista describe el hecho de la extraña luz que le emana de los ojos, golpea al lector dramáticamente. El lector se ha identificado con el narrador, y le ha extendido su confianza.

A pesar de que no existen pruebas de que en "El acomodador" el narrador-protagonista mienta, no deja de ser una posibilidad concreta. El suceso insólito puede ser una proyección de su neurosis, y por eso se

[28] Hernández, "El balcón", pp. 25-26.

afana en ocultarse a sí mismo y a sus lectores el hecho. El mundo que el narrador-protagonista habita, y en el cual el narrador implícito ha situado su relato, es un mundo "normal" en el cual un suceso fantástico como el descrito resultaría estructuralmente chocante. En el mundo de los cines de barrio los acomodadores que viven de propinas miserables no suelen ver con luz propia en la oscuridad. La realidad ordinaria y pedestre del ambiente de clase media en el cual el autor implícito ha situado su relato contribuye a negar desde un principio la posibilidad de un suceso fantástico. En relatos como "El balcón" y "El acomodador", en fin, la distancia entre el narrador-personaje y el narrador-implícito determina la visión del narrador "no-confiable". Esta "no-confiabilidad" da lugar a la ambigüedad fantástica.

Los pactos que se establecen en estos relatos entre el narrador-personaje y los personajes secundarios son otra manera efectiva de establecer la presencia del narrador "no-confiable". Estos pactos misteriosos, en los que el lector no participa, le hacen pensar que la historia en general no es como el narrador la relata. Esto sucede en "El balcón", por ejemplo, cuando el anciano dueño de la quinta le describe al narrador-protagonista el extraño comportamiento de su hija. El anciano le cuenta que su hija vive en un balcón del cual no puede salir, sin dar explicación alguna para esta situación anómala. El narrador-protagonista por su parte, no parece asombrado por la revelación, y se apresura a comentar: "Comprendí enseguida; y entonces decidimos el día en que yo iría a cenar y a tocar el piano".[29] El narrador-protagonista aparenta, en este momento, saber más de lo que le da a entender al lector. Actúa como si tuviera a su alcance una información de la cual no lo ha hecho partícipe.

Algo similar sucede al final de "El acomodador", cuando el narrador-protagonista parece establecer un pacto tácito con el padre de la "aparecida". En este momento el padre parece poseer cierta información a la cual el lector no ha tenido acceso: al descubrir el cuerpo putrefacto de su hija, se limita a comentar, sin asombro ni terror alguno: "No esperaba esta complicación".[30] El narrador-protagonista, por su parte, tampoco se asombra de la metamorfosis del cuerpo de la hija: "Señor", dice, "usted no podrá entender nunca. Si le es más cómodo, envíeme a la comisaría".[31] Esta situación es un caso clásico del narrador "no-confia-

[29] *Ibid.*, p. 14.
[30] Hernández, "El acomodador", p. 40.
[31] *Idem.*

ble" en acción. El testimonio del acomodador, por ser el testimonio del narrador, debería de ser "confiable", y estar de acuerdo con la visión de mundo "normal" del autor implícito. Por ser el acomodador un personaje neurótico (dato que ha quedado claramente establecido en el relato desde un principio), sin embargo, su testimonio puede ser un testimonio falso. El narrador-protagonista se ha dividido, en este momento, en dos: es simultáneamente el narrador de un hecho fantástico (la metamorfosis de la hija en cadáver putrefacto), que atenta contra las leyes del mundo "racional" y "normal" del autor implícito; y es un narrador neurótico y "no-confiable", que inventa la mentira del cadáver de la hija para justificar su presencia ilícita (a altas horas de la noche) en la sala del palacete.

Pactos como los que toman lugar en "El balcón" y "El acomodador" se establecen a través de todos los relatos de la tercera época de Felisberto. En LH, por ejemplo, Horacio y Facundo sostienen entre sí una reunión misteriosa, en la que discuten el procedimiento de fabricación de las muñecas, sin que éste se le revele jamás al lector.[32] En LCI se establece igualmente un pacto tácito entre el protagonista y la señora Margarita, respecto a los ritos de la religión del agua que celebran entre los dos.[33]

LO FANTÁSTICO AL NIVEL DE LOS SUCESOS METAFÓRICOS: LA PERSONIFICACIÓN Y LA OBJETIVACIÓN

En los relatos del tercer periodo de Felisberto, el trastocamiento de los planos de lo real no sólo se da al nivel de la anécdota, se da también al nivel de la expresión metafórica. "El balcón", por ejemplo, gira alrededor de un doble hecho insólito: un balcón se transforma en personaje amado por una joven, y ese balcón ama a la joven a su vez (cuando la joven lo abandona para visitar, a altas horas de la noche, la habitación del pianista, el balcón "se suicida", porque se siente traicionado). El paso de una realidad objetiva a una realidad fantástica se produce aquí, al nivel de los sucesos anecdóticos, gracias al punto de vista del narrador "no-confiable". A nivel de los sucesos metafóricos, sin embargo, este paso se da como consecuencia del constante transitar entre la cosificación y la

[32] Hernández, LH, p. 25.
[33] Hernández, LCI, p. 30.

personificación. Este desplazamiento tiene como consecuencia la meta-morfosis del balcón en persona, al nivel del lenguaje figurado.

El relato comienza con una imagen de personificación. El narrador nos describe una de las casas que visita en el curso de sus giras pianísticas por la provincia, atribuyéndole sentimientos humanos:

> ...la casa se ponía triste, iba perdiendo sus mejores familias y quedaba habitada nada más que por los sirvientes.[34]

La imagen que inmediatamente le precede es una imagen de cosifica-ción (animalización) del silencio:

> El teatro donde yo daba los conciertos... lo había invadido el silencio. Yo lo veía agrandarse en la gran tapa negra del piano... cuando el silencio era de confianza, intervenía en la música como un gato con su gran cola negra y los dejaba llenos de intenciones.[35]

La descripción del primer personaje del relato toma lugar por medio de una cosificación: el anciano dueño de la quinta tiene "el labio inferior muy grande y parecido a la baranda de un palco".[36] La hija, por otro lado, tiene una sonrisa que "había dejado abandonada sobre su cara" como un objeto.[37] El balcón, a su vez, aparece descrito en términos de personificación: "Él es mi único amigo", dice la hija, y apoya "sus brazos desnudos en los vidrios como si los recostara sobre el pecho de otra per-sona".[38]

Durante la extraña cena que toma lugar en el relato, los tres personajes se sientan alrededor de la mesa, donde "se habían reunido, como para una fiesta de recuerdos, los viejos objetos de la familia".[39] Las personi-ficaciones y cosificaciones se suceden aquí con una rapidez sorpren-dente:

> Apenas nos sentamos, los tres nos quedamos callados un momento; en-tonces todas las cosas que había en la mesa parecían formas preciosas del silencio. [o] Empezaron a entrar en la mesa nuestros pares de manos: ellas

[34] Hernández, "El balcón", p. 13.
[35] Idem.
[36] Idem.
[37] Ibid., p. 16.
[38] Idem.
[39] Ibid., p. 17.

parecían habitantes naturales de la mesa. [P] Yo no podía dejar de pensar en la vida de las manos. [P] Haría muchos años, unas manos habían obligado a estos objetos de la mesa a tener una forma. Después de mucho andar, ellos encontrarían colocación en algún aparador. [P] Estos seres de la vajilla tendrían que servir a toda clase de manos... [P][40]

El efecto de esta larga secuencia de cosificaciones y personificaciones es que al lector comienzan a borrársele las fronteras entre lo concreto y lo abstracto, entre lo real y lo imaginado. El pasaje se encuentra puntualizado por un comentario de la hija, que viene a apoyar, a nivel del diálogo, lo que ha venido sucediendo al nivel del lenguaje figurado:

...estuvimos hablando de los objetos... Entonces ella dijo que los objetos adquirían alma a medida que entraban en relación con las personas ...pero su balcón había tenido alma por primera vez cuando ella empezó a vivir en él.[41]

En este pasaje la hija afirma que la personificación de los objetos no sólo es un suceso posible, sino común, y anuncia ya el hecho insólito de la personificación del balcón. La secuencia de cosificaciones y personificaciones ha servido, en fin, para introducir, al nivel del lenguaje metafórico, el suceso insólito alrededor del cual gira el relato: la metamorfosis del balcón en persona.

LAS METONIMIAS

Los tropos que más contribuyen a lo fantástico (entendido como la erosión de las fronteras entre lo racional y lo irracional) al nivel de los sucesos metafóricos en estos relatos, son las metonimias. Éstas abarcan a menudo varias frases de una originalidad y una complejidad inusitada. A causa de ellas el lector a menudo se ve obligado a dar, al nivel del lenguaje figurado, un salto mortal, que lo coloca de lleno en la ambigüedad fantástica. Analizaremos aquí algunas de las más originales.

Felisberto emplea la metonimia para lograr el trastocamiento de los planos de lo real al nivel de la escritura del texto. Las metonimias que emplea con mayor frecuencia tienen siempre que ver con relaciones de

[40] *Idem.*
[41] *Idem.*

causalidad o de procedencia; en otras palabras, con la proximidad espacial. En "El balcón", por ejemplo, la hija dice:

Ella [la madre del personaje] encendía las cuatro velas de los candelabros y tocaba notas tan lentas y tan separadas en el silencio como si también fuese encendiendo, uno por uno, los sonidos.[42]

En este pasaje toma lugar, al nivel de la anécdota, una acción racional y concreta, verificable por los sentidos: la madre enciende las cuatro velas de los candelabros. Al nivel de la escritura metafórica del texto, sin embargo, esta misma acción adquiere un cariz fantástico: al encender las velas la madre también iba encendiendo, uno por uno, los sonidos del piano. La contigüidad de la acción anecdótica (el encender las velas) da pie a la imagen metonímica (el encender los sonidos), en la que han quedado disueltas las fronteras entre lo racional y lo irracional.

Otro ejemplo de este procedimiento toma lugar en "El acomodador", cuando el narrador dice:

Llegaba [el dueño del palacete] como un director de orquesta después que los músicos estaban prontos. Pero lo único que él dirigía era el silencio... Venía levantando una mano para indicarnos que debíamos pararnos; todas las caras se dirigían hacia él... El director hacía un saludo al sentarse, todos dirigían las cabezas hacia los platos y pulsaban los instrumentos. Entonces cada profesor de silencio tocaba para sí.[43]

En este pasaje se da nuevamente una acción racional y verificable por los sentidos al nivel de la anécdota: el dueño del palacete entra al salón donde se celebra el banquete. El narrador señala de inmediato la similitud entre el dueño y un director de orquesta: ambos van vestidos de frac. Esta similitud transforma el banquete en un suceso fantástico al nivel de la escritura metafórica: es ahora un concierto en el cual los comensales mueven los cubiertos como si se tratara de instrumentos con los que se "toca" el silencio. Basándose en la proximidad del suceso anecdótico (la entrada del dueño al salón del banquete), Felisberto desarrolla una imagen metonímica (el banquete-concierto de los comensales) en la que han quedado disueltas las fronteras entre lo racional y lo irracional.

En LCI toman lugar las metonimias más audaces de Felisberto. Éstas

[42] *Ibid.*, p. 16.
[43] Hernández, "El acomodador", p. 28.

colocan una vez más al lector de lleno en la ambigüedad fantástica al nivel figurado. En una ciudad de Italia, por ejemplo, sucede lo siguiente:

> ...de pronto, como si se hubiera encontrado con una cara que la había estado acechando [la señora Margarita], vio una fuente de agua. Al principio no podía saber si el agua era una mirada falsa en la cara oscura de la fuente de piedra; pero después el agua le pareció inocente. ...La señora Margarita la siguió mirando, dentro de sus propios ojos, y las miradas de las dos se habían detenido en una misma contemplación. ...sintió que alguien quería comunicarse con ella, que había dejado su aviso en el agua y por eso el agua insistía en mirar y en que la miraran.[44]

La acción, al nivel anecdótico, es una acción racional y concreta, verificable por los sentidos: la señora Margarita ve una fuente de agua. Esta acción, por contigüidad metafórica, se traslada al agua, que, a su vez, *ve* a la señora Margarita y le devuelve la mirada. Gracias a la metonimia, por lo tanto, la mirada "falsa" o "inocente" del agua da paso a una disolución de las fronteras entre lo real y lo imaginado, lo racional y lo irracional. La mirada de la fuente, internalizada (por medio de la metonimia) *dentro* de los ojos de la señora Margarita, se nos presenta como un hecho normal, racional y corriente. Las "miradas de las dos", nos dice Felisberto, "se habían detenido en una misma contemplación...", contemplación intrínsecamente ambigua, en la que han quedado una vez más equiparadas la realidad racional y objetiva, verificable por los sentidos, y la realidad fantástica e irracional.

[44] Hernández, LCI, pp. 25-26.

VI. EL ACOMODADOR DE FANTASÍAS

VIMOS en LE cómo el narrador felisberteano, transformado en narrador-acomodador, ordenaba los sucesos de la vida en una nueva secuencia, acomodándolos en una imagen original del "misterio", que él le imponía al "misterio" de la realidad.[1] Ese "misterio" permanece, desde LE hasta los relatos del tercer periodo, como un "misterio" indescifrable. Contenidos por el círculo mágico de su propia ficción, estos cuentos no conllevan ningún mensaje, ni político ni social ni psicológico. Sus narradores-acomodadores los inventan para consolarse, para comprenderse y para distraerse mejor ellos mismos, sin intentar otra comunicación que la de la escritura misma.

En LE el narrador-acomodador fracasa en su intento de crear un "espectáculo" verosímil del suicidio de la envenenada, y decide por lo tanto escribir un cuento de por qué decide no escribir el cuento de la envenenada. En los relatos de su tercer periodo, sin embargo, el narrador-acomodador se ha fortalecido en su oficio, y logra imponer la verosimilitud de su "espectáculo" sobre la realidad circundante. Al enfrentarse al problema de la escritura en estos textos, el narrador-acomodador especula constantemente sobre la validez de la realidad literaria en sí; sobre cuán efectivamente ha logrado imponer sobre sus lectores la verosimilitud de su ficción. En este sentido, los relatos del tercer periodo de Felisberto son ejemplos clásicos de lo que Eric S. Rabkin define como "Fantasías".

Llama la atención la frecuencia con que el escritor aparece como personaje en los relatos de la tercera época de Felisberto. En "El balcón", tanto la hija como el pianista son escritores. En "El cocodrilo", el pianista-vendedor de medias escribe artículos en los diarios. En "Nadie encendía las lámparas", "Las dos historias", "Lucrecia" y "La casa inundada" el protagonista también es escritor. En los relatos en los que el protagonista no es escritor, por otra parte, tales como "El acomodador" o

---

[1] En las páginas 37-40 de nuestro capítulo III vimos cómo Hernández hace, en "La envenenada", el análisis del "misterio" de la escritura, refiriéndose específicamente a ese "misterio" en el texto. En los relatos del tercer periodo, sin embargo, ese "misterio" ha sido integrado metafóricamente al texto y Hernández no hace ya ninguna referencia literal al mismo.

LH, éstos practican ciertas actividades obsesivas que resultan indeferenciables de la actividad del escritor: iluminar objetos en la oscuridad, dirigir escenas de muñecas en vitrinas, son también formas particulares de crear "espectáculos", maneras de imponer el mundo de lo imaginado sobre el mundo de lo real. Interpretados de esta manera, los relatos del tercer periodo de Felisberto cuentan siempre la misma historia: la lucha del escritor, o de su equivalente, por imponer el mundo que imagina sobre la realidad que lo circunda. Esta lucha se da a dos niveles: al nivel de la anécdota o de los sucesos narrados en el texto, y al nivel de la escritura del texto. En la medida en que el narrador-acomodador convence a los personajes del relato de la verosimilitud de los sucesos que cuenta, va logrando que sus lectores acepten la verosimilitud del texto. En estos relatos, en otras palabras, hay dos tipos de lectores: los personajes-espectadores, que "leen" los espectáculos que monta el narrador dentro del texto; y los lectores-espectadores, que leen el "espectáculo" del relato "escrito", como producto literario.

A pesar de la presencia constante del escritor (o de su equivalente) en los relatos del tercer periodo, éstos no enuncian todos el tema literario con igual intensidad. La Fantasía es en ellos, como en la literatura en general, un asunto de gradación, y algunos son una Fantasía en mayor grado que otros.[2] Teniendo en cuenta esta gradación, analizaremos aquí los relatos del tercer periodo que hemos escogido para nuestro estudio en el siguiente orden: "El cocodrilo", "El balcón", "El acomodador", y LCI. De estos relatos, LCI viene a ser una Fantasía en el sentido más puro del término. Como "El jardín de senderos que se bifurcan", LCI es una parábola o alegoría de su propia escritura fantástica, cuya textualidad perpetuamente evanescente se enlaza y desenlaza ante el lector como un laberinto de agua.

"EL COCODRILO"

La angustia existencial de los narradores de Felisberto resulta indiferenciable de su lucha por realizarse a sí mismos como artistas, por expresar lo inexpresable. José Pedro Díaz señaló, en 1967, esta dimensión filosófica de los personajes felisbertianos, a los que él ve, citando a Hegel, como víctimas de una "conciencia desdichada":

---

[2] Todo texto literario es, según Rabkin, hasta cierto punto, una Fantasía, porque es un intento de sustituir las leyes de la realidad por sus propias leyes. Rabkin, pp. 4-5.

La alienación es la pérdida de la conciencia en una renuncia que la incluye a ella misma, la conciencia desdichada es el drama de la conciencia que busca en sí misma un apoyo y vaga a tientas ...encontrando siempre diferentes, nuevos y endebles espejismos de sí misma: se encuentra como posibilidad y no como realización.[3]

La "conciencia desdichada" es causa, en la opinión de Díaz, de que en los personajes de Felisberto no predomine una vivencia básica, sino que ésta se estratifique en diferentes capas temporales, a la vez que el narrador se disocia en sucesivas reflexiones parciales de su propia vivencia.[4]

La búsqueda existencial de los personajes de Felisberto, sin embargo, sólo cobra su sentido pleno cuando se relaciona al tema literario. En "El cocodrilo", por ejemplo, existe sin duda una relación entre la angustia existencial del narrador y el tema literario. El pianista-narrador se ve obligado a abandonar el piano para dedicarse a vender medias. Es, por lo tanto, un hombre fracasado; y ese fracaso es el origen de su llanto. Pero lo verdaderamente insólito, lo sorprendentemente original del cuento es cómo el pianista emplea ese llanto para montar un "espectáculo", con lo cual convence a sus espectadores (a sus primeros lectores) de la verosimilitud de su angustia. Los espectáculos de llanto que el pianista "celebra" son, en realidad, un tipo de escritura, que no sólo le permite ganarse la vida (gracias a su llanto, logra convertirse en un vendedor estrella de medias color Ilusión), sino que le ganan fama a nivel nacional.

Este proceso puede verse claramente si consideramos el doble papel que juega el narrador-pianista en el relato: como acomodador y como narrador. El "espectáculo" del llanto constituye, al nivel de la anécdota, un suceso fantástico, que atenta contra las leyes de lo racional. Al nivel de la escritura, sin embargo, constituye el instrumento principal del cual el narrador se sirve para imponer la verosimilitud de su relato sobre sus

[3] Díaz, "Una conciencia que se rehúsa...", pp. 84-85.
[4] Idem. La angustia existencial y la disociación del ser en los personajes de Felisberto ha sido señalada, además de por Díaz, por Francisco Lasarte y Roberto Echavarren en sus recientes estudios. Roberto Echavarren, El espacio de la verdad, práctica del texto en Felisberto Hernández (Buenos Aires, Sudamericana, 1981). Echavarren basa su estudio lacaniano de la obra de Felisberto sobre un principio similar al propuesto originalmente por Díaz. En su opinión, el propósito del suceso fantástico en la obra de Felisberto es "provocar una conmoción en la conciencia del yo". Echavarren, p. 25.

lectores. Al convencer (como acomodador) a los personajes del relato de la verosimilitud de su llanto, convence (como narrador) a sus lectores de la verosimilitud del texto. El "espectáculo" del llanto, en fin, que en los relatos del primer periodo aparece como una metáfora descriptiva revierte, en este relato, a su lugar de origen: se convierte en una metáfora del proceso de la escritura en sí. El narrador impone, en consecuencia, la ficción de su llanto tanto al nivel del texto (o de la anécdota), como de la escritura (lectura) del texto. La primera vez que el pianista llora, por ejemplo, lo hace en presencia de un niño:

> Me senté en un cajón y empecé a jugar con el hermanito. Recordé que tenía un chocolatín de los que había comprado en el cine y lo saqué del bolsillo. Rápidamente se acercó el chiquilín y me lo quitó. Entonces yo me puse las manos en la cara y fingí llorar con sollozos. Tenía tapados los ojos y en la oscuridad que había en el hueco de mis manos abrí pequeñas rendijas y empecé a mirar al niño. Él me observaba inmóvil y yo cada vez lloraba más fuerte. Por fin él se decidió a ponerme el chocolatín en la rodilla. Entonces yo me reí y se lo di. Pero al mismo tiempo me di cuenta de que yo tenía la cara mojada.[5]

El "espectáculo" del llanto es aquí parcialmente falso. Se trata de un juego que el pianista inventa para convencer al niño (su primer espectador-lector) de la verosimilitud de su ficción. Tapándose la cara con las manos, llora "de embuste", y pretende que su llanto es "real". La vehemencia de su ejecución convence al niño y éste le regala, para consolarlo (y dar testimonio de su convencimiento), un chocolatín. El pianista premia entonces a su vez al niño, devolviéndole el chocolatín, por haberse dejado convencer de la verosimilitud de la ficción, de su llanto.

El pianista se sienta a continuación en el banco de una plaza solitaria, e intenta llorar a solas. En esta ocasión ensaya el llanto como quien ensaya un rol dramático, de cuyo dominio necesita estar absolutamente seguro, antes de convencer a sus futuros espectadores. "Estaba intrigado del hecho de que [las lágrimas] me hubieran salido", dice, y "quise estar solo como si me escondiera para hacer andar un juguete que sin querer había hecho funcionar, hacía pocas horas".[6]

Al día siguiente, en el curso de una de sus visitas a las tiendas de género de la ciudad, el pianista repite su llanto, pero no ya como ensayo, sino

[5] Hernández, "El cocodrilo", p. 72.
[6] *Idem.*

como espectáculo en forma. Se sienta en una sillita recostada del mostrador y comienza a llorar frente a un grupo nutrido de mujeres, clientas de la tienda, sus segundos espectadores-lectores:

> ...me puse las manos en la cara y empecé a hacer ruido de sollozos. Casi simultáneamente una mujer soltó un grito y dijo: "Un hombre está llorando". Y después oí el alboroto y pedazos de conversación: "Nena, no te acerques"... "Puede haber recibido una mala noticia..." [7]

Este "espectáculo" de llanto tiene un éxito inusitado: al verlo llorar, las mujeres lo rodean solícitas y le ofrecen comprarle las medias. El esquema previo se repite varias veces, y el pianista va convenciendo a diversos grupos de personas de la verosimilitud de su llanto: a sus compañeros vendedores de la casa central de medias, al gerente de la misma y, más tarde, cuando se ha convertido ya en un virtuoso del llanto, a audiencias de cientos de personas, que acuden a los teatros a verlo llorar. El éxito de sus espectáculos lo lleva, finalmente, a dar giras de conciertos de llanto por todo el país:

> Ese año yo lloré hasta diciembre, dejé de llorar en enero y parte de febrero, empecé a llorar de nuevo después de carnaval. Aquel descanso me hizo bien y volví a llorar con ganas. Mientras tanto yo había extrañado el éxito de mis lágrimas y me había nacido como cierto orgullo de llorar...
>
> Aquel nuevo año yo empecé a llorar por el oeste y llegué a una ciudad donde mis conciertos habían tenido éxito... [8]

Al final del relato el pianista, como acomodador, ha logrado imponer la ficción de su llanto al nivel del texto (o de la anécdota): ha convencido a los personajes del relato de la verosimilitud de su llanto. Como escritor, ha logrado igualmente imponer su ficción, al nivel de la escritura del texto: la nación entera ha "leído" su espectáculo, y se ha visto obligada a aceptar como verosímil la ficción de sus lágrimas.

"EL BALCÓN"

El relato "El balcón" es una caja china que contiene, y a la vez es contenida por, el relato de la "viuda del balcón". En realidad, todo "El

[7] *Ibid.*, p. 75.
[8] *Ibid.*, pp. 79-80.

balcón" está visto a través de los cristales del balcón, y en él resulta imposible determinar si la ficción crea la realidad, o si la realidad crea la ficción. En "El balcón", tanto la hija del dueño de la quinta como el pianista-narrador son escritores, creadores de espectáculos. La narración atraviesa, por lo tanto, un doble biombo de máscaras superpuestas: como acomodador, es la hija quien inventa el espectáculo del balcón; como narrador, es el pianista quien impone sobre los lectores la verosimilitud de su espectáculo.

El hecho insólito de la metamorfosis del balcón en persona ha tenido aquí, como el llanto en "El cocodrilo", un origen metafórico. La metamorfosis del balcón en persona depende del constante transitar entre la personificación y la objetivación al nivel del lenguaje, y no constituye un hecho material y palpable, sino subjetivo.[9] Este hecho, sin embargo (del cual depende la ambigüedad del relato al nivel fantástico), al considerarse desde el punto de vista de la escritura, desemboca una vez más en su lugar de origen. Desde el momento que la hija se sirve de la metamorfosis del balcón para imponer la ficción sobre su realidad circundante, ésta pasa a ser una metáfora de la escritura en sí.

El narrador-pianista tiene aquí un rol muy importante: para que el relato de la hija sea verosímil, tiene primero que convencerlo a él, su primer espectador-lector, de la verosimilitud del "espectáculo del balcón". El padre le ha informado al narrador que su hija "vive" en un balcón, y que efectúa en él todas sus necesidades vitales.[10] Este hecho puede verificarse en la anécdota: durante todo el relato, la hija aparece enmarcada por los cristales del balcón.[11] El "espectáculo" del balcón (su metamorfosis) es una "invención" de la hija, pero el balcón es también su progenitor, porque le da "forma" a su vida. El balcón domina en todo momento la existencia de la hija: está presente en las sombrillas de colores que el padre le regala, en los vidrios verdes que coronan las tapias de la quinta, en las cristaleras de los corredores de la casa, en todos esos objetos que constituyen sus fragmentos. Cuando la hija baja en las tardes al jardín, por ejemplo, necesita protegerse bajo los "vidrios" de colores de esas sombrillas que también forman parte de su balcón.[12] Se-

---

[9] Para el origen metafórico de la metamorfosis del balcón en persona, ver las páginas 66-68 de nuestro capítulo v.

[10] Hernández, "El balcón", p. 14.

[11] *Ibid.*, p. 15.

[12] *Idem.*

pararse del balcón, renunciar a su resguardo, a su límite definitorio, un solo instante, significaría su muerte: su vida no tendría entonces ningún sentido.

Pero la hija no sólo vive en el balcón, sino que también "vive" en la escritura de "El balcón", y su obsesión con el balcón resulta indiferenciable de su obsesión con "El balcón". Su lucha porque el narrador-pianista acepte el "espectáculo" de la metamorfosis del balcón corre paralela a su lucha porque acepte la validez literaria de los poemas y cuentos que ella le escribe a su balcón. Entre la hija y el narrador-pianista se establece entonces una encarnizada pugna literaria, de la cual sale victoriosa la hija al final del relato.

Al comienzo de "El balcón", el padre le ha jugado un truco al narrador-pianista: le ha hecho creer que ha sido invitado a visitar la quinta por ser pianista (para que distraiga a la hija con su música), cuando en realidad ha sido invitado a ella por ser escritor. A la hija no le interesa para nada el piano, y las primeras palabras que le dirige al narrador-pianista no tienen que ver con su música, sino con el balcón. "Él es mi único amigo", le dice, y, acto seguido (como para convencerlo de la verosimilitud de sus sentimientos), regresa al balcón y lo abraza.[13]

La reacción del narrador-pianista ante esta primera develación de la hija es un descreimiento cortés. Señalando en dirección del piano, intenta cambiar el tema, preguntándole "—Y ese inocente ¿no es amigo suyo también?" [14] La hija, cuya cortesía a través del relato resulta intachable, le contesta que el piano era un gran amigo de su madre. El narrador-pianista hace entonces un gesto, indicándole que va a tocar algo en él, pero la hija se lo impide. Le dice que, "desde muy niña, se había acostumbrado a oír el piano nada más que por la noche".[15] La excusa resulta pueril e improbable: es evidente que no quiere que el narrador-pianista toque el piano porque quiere seguir hablándole de su balcón. Esto incomoda al narrador-pianista, cuya reacción, escamoteada en el texto, está dada en el reproche velado de la hija: "—Cuando veo pasar varias veces a un hombre por el vidrio rojo [del balcón]", dice, "casi siempre resulta que es violento o de mal carácter".[16] El que ha pasado por el vidrio rojo del mal genio ha sido, evidentemente, el narrador-pianista, que en el curso

[13] *Ibid.,* pp. 15-16.
[14] *Ibid.,* p. 15.
[15] *Ibid.* p. 16.
[16] *Idem.*

de la conversación se ha visto contrariado ya varias veces por la hija. El narrador-pianista accede entonces a hablar del balcón, pero lo hace en un tono cortante. "—Y yo, ¿en qué vidrio caí?", le dice.[17] La respuesta de la hija es, una vez más, de una cortesía (matizada de ironía) intachable: "—En el verde. Casi siempre les toca a las personas que viven solas en el campo".[18]

La hija no se da por perdida, sin embargo, y esa misma noche a la hora de la cena, vuelve a la carga. Intenta entonces convencer al narrador, no ya de la verosimilitud de la metamorfosis del balcón en persona, sino de la verosimilitud de su escritura. El anciano y el narrador-pianista han entablado una conversación sobre el cariño que se siente por las ropas viejas, cuando la hija los interrumpe, relatándole al narrador-pianista cómo, en las noches de verano, le escribe poemas a su balcón vestida con un camisón blanco.[19] El pianista se siente incómodo (compara la interrupción a cuando "alguien intenta saltar cuando están torneando la cuerda"),[20] pero su mortificación va en aumento cuando, sin transición alguna, la hija comienza a recitarle uno de sus poemas. "La poesía era cursi", dice el pianista para sus adentros, "pero bien medida; con camisón no rimaba ninguna palabra que yo esperaba".[21] El comentario es, evidentemente, sarcástico, ya que "camisón" rima redundantemente con "balcón".

A pesar de que el poema no es de su gusto, el narrador-pianista intenta mantener una apariencia de cortesía, y decide comentarle a la hija que su poema es "fresco".[22] La hija, sin embargo, no le da oportunidad y comienza acto seguido a recitar un segundo poema. El narrador-pianista, para disimular su contrariedad (y también como revancha), come "en forma canallesca", mientras la hija le recita su segundo poema.[23] Cuando va a comenzar a recitarle un tercero, sin embargo, la interrumpe con un gesto grosero. "Si esto no estuviera tan bueno", le dice, señalando el plato, "le pediría que me dijera otro".[24] El narrador-pianista descubre entonces la forma de silenciar de una vez por todas a la hija: comienza

[17] *Idem.*
[18] *Idem.*
[19] *Ibid.*, p. 18.
[20] *Idem.*
[21] *Ibid.*, p. 19.
[22] *Idem.*
[23] *Idem.*
[24] *Idem.*

a contar cuentos groseros de borrachos.[25] Su prestigio (evidentemente se trata de un escritor publicado) impide que la hija lo interrumpa: por un lado se siente frustrada ("su risa era dolorosa"), pero por otro lado, con su exquisita cortesía de siempre, le ruega que "por favor siga contando sus cuentos". A la cena siguiente, el pianista vuelve a repetir su estrategia, y la hija ya no intenta recitar sus poemas.[26]

La hija, sin embargo, no sólo le escribe poemas a su balcón, sino que también escribe relatos *desde* su balcón. El narrador-pianista se entera de esto gracias a una conversación que escucha entre el padre y la hija, oculto tras una de las cristaleras del jardín. La hija ve pasar por la calle a personajes vulgares (el negro rengo y viejo que lleva un sombrero de alas muy anchas, por ejemplo), e inmediatamente los transforma en personajes de sus cuentos (el negro rengo y viejo se convierte en el marido de Úrsula).[27] Asombrado ante el descubrimiento de la creatividad literaria de la hija, el narrador-pianista le comenta el hecho al anciano. Éste le cuenta cómo, desde que su hija era casi una niña, lo obligaba a "escuchar y a que yo interviniera en la vida de personajes que ella inventaba", atribuyéndoles "hechos y vestimentas que percibe desde el balcón".[28] El anciano le pide entonces al narrador-pianista que ayude a su hija a escribir sus cuentos (con lo que la ficción se convertiría en cómplice de la ficción) ya que él es "muy torpe para seguirle esos inventos..."[29] A pesar de que el narrador-pianista se niega a ello ("inventaría cosas que le harían mucho daño"),[30] la posibilidad de que su presencia en la quinta le sirva a la hija para el tema de un cuento (él también ha sido visto a través de los cristales del balcón), ha quedado claramente establecida.

En la cuarta noche del relato, luego de haberse ausentado dos veces a la hora de la cena (sin duda porque no le era permitido recitar sus poemas), la hija entra clandestinamente a la habitación del narrador-pianista. Su propósito no es, como quizá éste hubiese deseado, un propósito romántico: en cuanto entra se sienta en una silla, abre su libreta de versos y comienza a recitarle a su interlocutor cautivo los poemas a su balcón. El rechazo del pianista pasa a ser ya caricaturesco: "Mientras ella leía", dice, "yo hacía un esfuerzo inmenso por no dormirme; quería

[25] *Ibid.*, p. 20.
[26] *Ibid.*, pp. 20-21.
[27] *Ibid.*, pp. 21-22.
[28] *Ibid.*, p. 23.
[29] *Idem.*
[30] *Idem.*

levantar los párpados y no podía; en vez, daba vueltas para arriba los ojos y debía parecer un moribundo".[31] La lectura forzada queda, providencialmente para el narrador-pianista, interrumpida por la presencia de la araña. La algarabía que el pianista forma en la persecución del insecto tiene probablemente como propósito frustrar aquella audiencia literaria indeseada.[32]

Al día siguiente, el pianista se marcha intempestivamente a provincia (¿escapando a la persecución de "El balcón"?), pero su decisión ha tomado lugar demasiado tarde. A su regreso, recibe una llamada del anciano, informándole que el balcón "se ha caído" como resultado de una tormenta, y rogándole que visite a su hija.[33] El narrador-pianista tiene pocas ganas de acudir a la quinta, pero las gentilezas de las que ha sido objeto por parte del anciano, en el curso de su primera visita, lo obligan a ello. Pese al fúnebre ambiente de la casa (los ventanales de colores están cerrados, las sombrillas de tonos brillantes han desaparecido), la actitud de la hija no es, como espera el pianista, ni de abatimiento ni de tristeza, sino de triunfo. El "suicidio" del balcón ha venido a verificar la realidad del "espectáculo" que ella ha venido inventando a lo largo del cuento, el "espectáculo" de la metamorfosis del balcón en persona:

—¿Vio cómo se nos fue?
—¡Pero señorita! Un balcón que se cae...
—Él no se cayó. Él se tiró.
—Bueno, pero...
—No sólo yo lo quería a él; yo estoy segura de que él también me quería a mí; él me lo había demostrado.[34]

Al pianista ya no le queda más remedio que aceptar la afirmación de la hija, aunque presiente que algo terrible va a suceder. "Yo bajé la cabeza", dice, "me sentí complicado en un acto de responsabilidad para el cual no estaba preparado".[35] Su premonición no es en balde. Reafirmada la metamorfosis del balcón en persona, la hija se levanta de la cama y camina en dirección del hueco donde éste se hallaba anteriormente. El narrador-pianista piensa que se tirará al vacío, pero la hija cambia de

31 *Idem.*
32 *Ibid.,* p. 24.
33 *Ibid.,* p. 25.
34 *Idem.*
35 *Ibid.,* p. 26.

80

rumbo a último momento y se dirige hacia una mesita, de la cual saca su cuaderno de versos. Al narrador-pianista no le queda entonces más remedio que escuchar hasta el final su último poema-cuento. "—La viuda del balcón..." es en realidad el comienzo del relato de su visita a la quinta.[36]

"EL ACOMODADOR"

En cierto momento de su narración el acomodador afirma lo siguiente:

> Yo me sentía orgulloso de ser un acomodador, de estar en la más pobre taberna y de saber, yo solo ...que con mi luz había penetrado un mundo cerrado para todos los demás.[37]

El comentario resulta importante porque anuncia claramente la relación entre el ver-imaginar-narrar, que constituye la metáfora definitoria de este relato. En "El acomodador", el poder insólito de la mirada del protagonista (en este caso el narrador-acomodador) equivale a su poder insólito de narrar y a su poder insólito de imaginar. A pesar de que aquí, como en "El cocodrilo", el protagonista no es escritor, es él quien ejerce tanto la función narrativa como la función imaginativa. Este relato resulta el más ambiguo de los que hemos analizado hasta aquí, porque a pesar de que el protagonista fracasa en su función de acomodador (no logra imponer su espectáculo sobre los personajes del texto), de todas maneras tiene éxito en su función narrativa (es él quien impone sobre sus lectores la verosimilitud del texto).

La actividad obsesiva del protagonista (el "ver en la oscuridad") se encuentra aquí mucho más íntimamente ligada a la escritura que el llanto de "El cocodrilo". No sólo el "ver", sino "ver en la oscuridad", es la primera función del escritor, contemplador de ese "espectáculo" misterioso en el que se mueven, piensan y hablan sus personajes. Toda escritura nace del "misterio" de la oscuridad y el acomodador se refiere a ese "misterio" cuando afirma que su luz "había penetrado en un mundo cerrado para todos los demás". El acomodador tiene también una segunda función, equivalente a la función del escritor: "hacer ver" a sus espectadores-lectores el espectáculo que imagina.

---

[36] *Idem.*
[37] Hernández, "El acomodador", p. 38.

En "El acomodador", como en "El cocodrilo" y "El balcón", el hecho insólito (la mirada del protagonista) se origina en una metáfora del lenguaje.[38] La ambigüedad fantástica del relato depende de esta mirada, que, al considerarse desde el punto de vista de la escritura, se convierte en una metáfora que revierte a su lugar de origen. Desde el momento en que el acomodador se sirve de la mirada para imponer su visión ficticia sobre la realidad (tanto al nivel del texto como al nivel de la escritura del texto), ésta pasa a ser una metáfora de la escritura en sí.

Existe, sin embargo, una diferencia en cómo el protagonista emplea en este relato el hecho insólito. A pesar de que, como "narrador-acomodador", tiene varios espectadores dentro del texto (el mayordomo, el padre de la hija, etc.), el acomodador es antes que nada su propio espectador. Su lucha no consiste en imponer el "espectáculo" de su mirada insólita sobre los demás personajes del relato (como sucede, por ejemplo, en "El cocodrilo", con el espectáculo del llanto); ni en convencer a un narrador-interlocutor de la verosimilitud de la misma (como sucede en "El balcón", con el "espectáculo" de la metamorfosis), sino en convencerse a sí mismo de ella. El poder insólito de la mirada del acomodador depende de su convencimiento del mismo, y ese convencimiento va tomando lugar en él paulatinamente. El poder de la mirada, a más de esto, le dura exclusivamente lo que le dura ese convencimiento, y desaparece en cuanto desconfía de él.

Pero si el protagonista posee el poder insólito de la mirada en cuanto acomodador, y el poder insólito de la escritura en cuanto narrador, ambas vertientes de su yo participan del poder de la imaginación. Al nivel estructural, la imaginación es el verdadero acto prohibido (diabólico) del relato. Es la imaginación lo que le permite al protagonista convencerse de la verosimilitud de su mirada (en cuanto acomodador), así como de la verosimilitud de su escritura (en cuanto narrador). La imaginación, en fin, le hace posible al narrador-acomodador el constante transitar entre el "ver" y el "escribir".

El acomodador tiene dos vicios o hábitos: el vicio de imaginar y el vicio de ver. Al comienzo del relato, su mirada se encuentra supeditada a la imaginación y no se ha convertido todavía en un poder insólito. El acomodador se dedica, en sus horas de ocio, a imaginar los aspectos des-

---

[38] Para el origen metafórico de la mirada como poder insólito en los primeros relatos de Hernández, ver las páginas 46-48 de nuestro capítulo IV.

conocidos de la ciudad, así como a descubrir relaciones inesperadas entre sus habitantes:

Apenas había dejado la adolescencia me fui a vivir a una ciudad grande. Su centro —donde todo el mundo se movía apurado entre casas muy altas— quedaba cerca de un río.

Yo era acomodador de un teatro... Iba a mis lugares preferidos como si entrara en agujeros próximos y encontrara conexiones inesperadas. Además, me daba placer imaginar todo lo que no conocía de aquella ciudad.[39]

Su vicio de imaginar es constante. Cuando asiste por primera vez a uno de los banquetes de beneficencia que se celebran en el palacete de la ciudad, por ejemplo, imagina siempre una contraescena. Así, los comensales indigentes le parecen músicos que hacen sonar sus cubiertos como si "pulsaran instrumentos".[40] Al enterarse de que aquellos banquetes se celebran en honor de una hija del dueño, que se había salvado de perecer ahogada en el río, imagina enseguida una contraescena:

...yo insistía en suponer que la hija se había ahogado. Mi pensamiento cruzaba con pasos inmensos y vagos las pocas manzanas que nos separaban del río; entonces yo me imaginaba a la hija, a pocos centímetros de la superficie del agua; allí recibía la luz de una luna amarillenta; pero al mismo tiempo resplandecía de blanco, su lujoso vestido y la piel de sus brazos y su cara.[41]

El acomodador practica, parejamente a este vicio de imaginar, el vicio o "lujuria" de ver. Cuando regresa en las noches al edificio que habita, mientras cruza escaleras y corredores, "esperaba ver algo más a través de puertas entreabiertas", y, una vez en su habitación, pasa largas horas contemplando la pequeña mesa que tiene junto a su cama, recubierta de "botellas y objetos que... miraba horas enteras".[42] El vicio o lujuria de ver le ocupa, sin embargo, en esta primera etapa, mucho menos tiempo que el vicio de imaginar.

En uno de los banquetes a los que asiste toma lugar un suceso inesperado, que integra su vicio de imaginar a su vicio de ver. Imagina que

---

[39] Hernández, "El acomodador", p. 27.
[40] *Ibid.*, p. 28.
[41] *Ibid.*, p. 29.
[42] *Ibid.*, pp. 27-28.

todos los comensales han perecido ahogados, y, algunos días después, uno de ellos cae muerto frente a él, "ahogado" dentro de su plato de sopa:

A los que comían frente a mí y de espaldas al río, también los imaginaba ahogados: se inclinaban sobre los platos como si quisieran subir desde el centro del río y salir del agua...
Una vez en aquel comedor oí unas palabras. Un comensal muy gordo había dicho: "Me voy a morir." En seguida cayó con la cabeza en la sopa, como si la quisiera tomar sin cuchara...[43]

Por primera vez el acomodador no imagina lo que ve, sino que, como en una develación profética, ve lo que algunos días antes había imaginado. El suceso le causa una impresión profunda. "Al poco tiempo", dice, "yo empecé a disminuir las corridas por el teatro y a enfermarme de silencio. Me hundía en mí mismo como en un pantano".[44] Pocos días después toma lugar un segundo suceso inesperado, que lo compensa de sus males: ve, reflejada en la pared de su habitación, una luz que le emana de los ojos. A pesar de que el hecho está descrito como un hecho real (el acomodador ilumina el dorso de su mano y la bombilla del techo con su propia luz), dado su vicio de imaginar, no resulta inverosímil el que imagine también esa luz. Su propia reacción, momentos después, parece confirmarlo: no considera esa luz como algo insólito, sino como algo divertido y natural: "Me volví a convencer", dice, "y tuve una sonrisa. ¿Quién, en el mundo, veía con sus propios ojos en la oscuridad?"[45]

Algunos días más tarde, toma lugar un tercer suceso sorprendente: el acomodador se mira en el espejo de su habitación y ve, no ya la luz que anteriormente había imaginado, sino a sus ojos emitiendo esa luz. "Me había levantado para ver si quedaba algo más en el ropero", dice, "no había encendido la luz eléctrica y vi mi cara y mis ojos en el espejo con mi propia luz. Me desvanecí".[46] El terror del acomodador es comprensible. Como en un juego de espejos, no sólo imagina lo que ve, sino que ve lo que imagina: la luz de su imaginación brotando de sus ojos como de un manantial primario y aterrador. Su mirada reproduce y da forma a su imaginación, y su imaginación le devuelve la mirada.

[43] *Ibid.*, p. 29.
[44] *Idem.*
[45] *Ibid.*, p. 30.
[46] *Ibid.*, pp. 30-31.

Convencido de la verosimilitud de su propia visión el protagonista (en cuanto a acomodador y en cuanto a narrador) abandona en adelante su vicio de imaginar y se dedica exclusivamente a ver, a ejecutar el espectáculo de esa visión ficticia que quiere imponer sobre la realidad. Los sucesos que toman lugar posteriormente en el relato, la visión de lo invisible y de lo imposible, son el resultado de este auto-convencimiento del protagonista.

Su primer intento de "ver" (y "hacer ver") lo invisible toma lugar cuando se encierra con el mayordomo del palacete en un ropero oscuro. Este es el primer espectáculo que el acomodador celebra, y el mayordomo es su primer espectador. En la oscuridad del ropero de los sombreros el acomodador le demuestra al mayordomo su habilidad para "iluminar" objetos en la oscuridad (su mano y luego un pañuelo sucio). El espectáculo tiene un efecto impresionante en el mayordomo: éste "emite un graznido" y sale corriendo aterrado hacia la puerta. Algunos días más tarde, el "acomodador" penetra clandestinamente en la sala del palacete y se pasa toda la noche iluminando con su luz los objetos expuestos en las vitrinas. Este segundo "espectáculo", que el acomodador celebra para sí mismo, tiene un carácter a la vez erótico y decadente. Al iluminar los objetos lujosos (al "penetrarlos con su luz" en la oscuridad) el acomodador siente que "los hace suyos": "Había un libro de misa con tapas de carey veteado como el azúcar quemada... Al lado de él, enroscado como un reptil, yacía un rosario de piedras preciosas. Esos objetos estaban al pie de abanicos que parecían bailarinas abriendo sus anchas polleras; mi luz perdió un poco de estabilidad al pasar sobre algunos que tenían lentejuelas; y por fin se detuvo en otro que tenía un chino con cara de nácar y traje de seda... él fue lo único que yo pude hacer mío aquella noche".[47] Más adelante, sin embargo, el acomodador se dedica a ver, no ya lo invisible, sino lo imposible: "imagina" la presencia de una mujer-fantasma.[48]

El acomodador "ve" por primera vez a la mujer-fantasma en su segunda visita clandestina al palacete. La aparecida es una mujer bellísima ("parecía haber sido hecha con las manos y después de haberla bosque-

[47] *Ibid.*, p. 34.
[48] En la página 65 de nuestro capítulo v señalamos cómo, al nivel anecdótico del relato fantástico, esta mujer-fantasma puede ser la hija sonámbula del dueño del palacete. Al nivel escritural, sin embargo, hay que considerar a esta mujer-fantasma principalmente como un personaje creado por la imaginación del acomodador.

jado en un papel"),[49] pero tiene ciertos rasgos aterradores, que recuerdan a la hija ahogada del dueño del palacete, que él ha imaginado previamente en uno de los banquetes. Camina "con la cabeza fija y el paso lento", tiene "pequeñas sombras en la cara", y, lo más aterrador de todo, viste un largo peinador blanco, con una larga cola perfumada. Al caminarle por encima al acomodador, la mujer-fantasma le pasa esta larga cola de "ahogada" por la cara, y amenaza ahogarlo a su vez. La aparecida tiene, a más de esto, otra peculiaridad: no se alumbra con la luz del protagonista (a pesar de que es alumbrada por ella) sino con su propia luz: lleva un candelabro encendido en la mano.[50]

En un principio la mujer-fantasma se comporta como un cómplice del acomodador: aparece puntualmente, en el curso de cada una de las visitas del acomodador al palacete, y reafirma con su presencia el poder insólito de su mirada. Eventualmente, sin embargo, la aparecida provoca su descalabro. Obsesionado por la ahogada, el acomodador valora cada vez menos su propia luz; no se conforma ya con el poder de su visión, sino que quiere hacer suya la "visión" (en su doble sentido de ver y ser vista) de la aparecida. "Había olvidado mi propia luz", dice, "la hubiera dado toda por recordar con más precisión cómo la envolvía a ella la luz de su candelabro".[51] Durante el resto del relato el acomodador se dedica a luchar para que la mujer-fantasma lo mire; para que lo ilumine a él con su luz.

La ficción (el "espectáculo"), una vez creada, es independiente de su creador, y la mujer-fantasma permanece insensible a los requerimientos del acomodador. A pesar de que sigue apareciendo puntualmente todas las noches en la sala del palacete, le camina por encima sin mirarlo. El acomodador sufre entonces varias alucinaciones: le parece ver a la mujer-fantasma en un cine, o caminando por la calle a pleno día.[52] No empece sus esfuerzos (corre tras ella, le hace señas, le deja ver sus ojos "de otro mundo" en la oscuridad) la mujer se rehúsa igualmente en estas ocasiones a reconocerlo. Su independencia es tan marcada que, no sólo lo ignora, sino que se escapa con otro.[53] Al borde de la desesperación, el acomodador considera entonces que la mujer-fantasma lo ha traicionado, y comienza a dudar de su visión:

[49] Hernández, "El acomodador", p. 35.
[50] Ibid., pp. 35-36.
[51] Ibid., p. 36.
[52] Ibid., pp. 36-38.
[53] Ibid., p. 38.

86

Yo pensaba que el mundo en que ella y yo nos habíamos encontrado era inviolable; ella no podría abandonarme después de haberme pasado tantas veces la cola del peinador por la cara; aquello era un ritual en que se anunciaba el cumplimiento de un mandato.[54]

En su última visita a la sala del palacete, el acomodador va decidido a obligar a la mujer a reconocerlo, empleando para ello los medios que sea. Cuando la mujer se le aparece, comienza a hacerle señas con su gorra "como con un farol negro".[55] La mujer hesita y se detiene, y el acomodador guarda su gorra. Cuando ésta retoma indiferente su camino, el acomodador le arroja la gorra, y le pega con ella en el pecho. Es la primera vez que se establece un contacto físico entre el acomodador y la mujer-fantasma, y este contacto tiene como resultado el derrumbe de la ficción (y del "espectáculo"): la mujer da un grito, deja caer el candelabro (cuya luz se apaga), y cae desvanecida al suelo.[56] El acomodador descubre entonces que lo que ha pretendido es imposible: a pesar de que con su luz ha logrado darle forma al "espectáculo" de la mujer-fantasma, no puede obligarla a que lo mire y lo ilumine a su vez con su luz.

El acomodador ha descubierto, en este momento, que su imaginación es muy frágil. Su empeño por establecer contacto con la mujer-fantasma (su espectador-espectral) tiene como consecuencia el que su luz (la luz de su imaginación) se apague. La mujer-fantasma atraviesa entonces, en un vertiginoso viaje regresivo, las diversas etapas de su existencia previa: de mujer-fantasma pasa a cadáver de ahogada: de cadáver de ahogada, a hija sonámbula del dueño del palacete:

...de pronto mis ojos empezaron a ver en los pies de ella un color amarillo verdoso parecido al de mi cara aquella noche que la vi en el espejo de mi ropero... a la altura del vientre encontré, perdida, una de sus manos, y no veía de ella nada más que los huesos... Y de pronto oí al mayordomo: caminaba fuerte, y encendía todas las luces y hablaba enloquecido. Ella volvió a recobrar sus formas; pero yo no la quería mirar.[57]

Al fallarle el poder de la imaginación, el acomodador pierde el poder insólito de su visión, y la ambigüedad queda, por lo tanto, irresuelta en

[54] *Idem.*
[55] *Ibid.*, p. 39.
[56] *Idem.*
[57] *Ibid.*, pp. 39-40.

el relato al nivel de la anécdota. Como esto, sin embargo, no toma lugar sino al final, el narrador-acomodador ya ha escrito el texto, y resulta por ello inmaterial que le falle el poder de la imaginación. De esta manera la ambigüedad del relato, a pesar de no quedar superada al nivel de la anécdota (o del texto), sí queda superada al nivel de la escritura (y lectura) del texto.

"LA CASA INUNDADA"

En el primer momento de su develación, la señora Margarita le confiesa al escritor-remero que:

> ...hay que cultivar los recuerdos en el agua, que el agua elabora lo que en ella se refleja y que recibe el pensamiento. En caso de desesperación no hay que entregar el cuerpo al agua; hay que entregarle a ella el pensamiento; ella lo penetra y él nos cambia el sentido de la vida.[58]

Esta confesión equivale a una develación de los mecanismos secretos de *La casa inundada*. *La casa inundada* es, literalmente, una casa inundada por la escritura, de la misma manera que los pensamientos de la señora Margarita son una escritura inundada por el agua de sus lágrimas.

Desde la perspectiva de lo fantástico, el suceso insólito de *La casa inundada* consiste en la metamorfosis de la señora Margarita en esa casa inundada que habita. Esta metamorfosis tuvo, como el resto de los sucesos insólitos de los relatos ya examinados hasta aquí, su origen en una metáfora del lenguaje: es, simultáneamente, el resultado de la personificación y de la objetivación.[59] Interpretado desde el punto de vista de la escritura, el hecho insólito de la metamorfosis revierte a su lugar de origen: no es ya la metamorfosis de la señora en la casa inundada, sino la metamorfosis de *La casa inundada* en su escritura. El verdadero tema de *La casa inundada,* por lo tanto, es esa escritura que se desarrolla paralelamente al fluir de las lágrimas de la señora Margarita.

A pesar de que la señora Margarita no construye la casa inundada (la casa ha tenido varios dueños previos, y ha servido de casa de campo, de instituto astronómico y de invernáculo), es ella quien crea su máquina

[58] Hernández, "La casa inundada", p. 27.
[59] Para el origen metafórico de la metamorfosis de la señora Margarita en la casa inundada, ver las páginas 60-62 de nuestro capítulo v.

literaria. Como todos los protagonistas de Felisberto, la señora se identifica como artista y como creadora. A diferencia de la hija en "El balcón", sin embargo, ella no es escritora. La señora Margarita no se propone la escritura de LCI (que considera imposible) sino su concepto puro, su imagen. La escritura de LCI queda, por lo tanto, prisionera entre estos dos polos (que aprisionan igualmente su agua): la imposibilidad de comunicación de toda literatura y la necesidad de inventarla. Esta idea, expresada ya en LE veintinueve años antes, viene aquí a cerrar el círculo de una obra cuyo tema principal ha sido desde un principio la creación literaria misma.

LCI, como "El balcón", se encuentra narrada a través de un doble biombo de máscaras superpuestas: como narrador-acomodador, es la señora Margarita quien inventa el "espectáculo" de la casa inundada; como narrador, es el escritor-remero quien impone sobre los lectores la verosimilitud del "espectáculo" del texto. A diferencia de lo que le sucede a la hija en "El balcón", sin embargo, la señora no necesita convencer al escritor-remero de la verosimilitud de la metamorfosis de la casa en escritura, porque no le hacen falta ni su aprobación ni su credibilidad. El narrador-remero actúa aquí estrictamente como un espectador pasivo: su presencia le permite a la señora Margarita develar la historia de LCI. La invitación que la señora le hace de venir a la casa no es, por lo tanto, en absoluto fortuita, sino que constituye el último detalle de su paciente elaboración de "La casa inundada".

La señora le hace al narrador la develación de la historia (o "espectáculo") de LCI en tres etapas. En la primera, le relata la manera en que descubre el agua-pensamiento; cuál fue su origen luctuoso.[60] Luego de perder a su marido en un precipicio en Suiza, se refugió en una pequeña ciudad de Italia. No podía llorar, pero su tristeza era tan grande, que le parecía que podría sustituir toda el agua del mundo con sus lágrimas. Un día, al contemplar el agua de una fuente, le pareció que "no podía saber si el agua era una mirada falsa en la cara oscura de la fuente de piedra; pero después el agua le pareció inocente; y al ir a la cama la llevaba en los ojos y caminaba con cuidado para no agitarla".[61] Al mirar el agua de la fuente, la señora Margarita se apropia tanto de su mirada como de su tristeza. Una noche tiene un presentimiento: siente que alguien quiere comunicarse con ella por medio del agua, y tiene su

[60] Hernández, "La casa inundada", pp. 24-29.
[61] *Ibid.*, p. 25.

primera crisis de lágrimas.[62] Las lágrimas sirven de conductoras de sus pensamientos, y logra así comunicarse con su marido muerto. En adelante, la señora Margarita se dedica a cultivar la comunicación por medio del agua.

En un principio, la señora cree que el agua-pensamiento es "algo del mundo con quien sólo ella podía comunicarse", pero muy pronto se desilusiona.[63] El agua que los mozos sirven en las copas del comedor del hotel, por ejemplo, pasa por bocas de mujeres desagradables, que hablan a gritos y tienen sonrisas irónicas.[64] La señora decide entonces regresar a su patria, donde cultivará los pensamientos en su propia agua.

Esta agua "propia", que la señora cultivará privadamente, será simultáneamente un "agua que corre" y un "agua inmóvil". Ambas definiciones (expresadas consecutivamente en el texto sin que resulten paradójicas) se refieren, no ya a la develación de la historia de LCI, sino a la develación de su escritura. Al hablar del "agua que corre" la señora se refiere a la escritura de LCI como concepto, mientras que al hablar del "agua inmóvil", se refiere a su escritura como imagen. El "agua que corre" es, como la escritura en su estado ideal, un agua aún no formulada en imagen; un agua vertiginosa, cuyas esperanzas no debe "pensar demasiado en que se cumplan".[65] El "agua inmóvil" es, por otro lado, un agua ya formulada metafóricamente, un agua detenida "en la noche para que el silencio se eche lentamente sobre ella y todo se llene de sueño y de plantas enmarañadas".[66]

En la segunda etapa de su develación, la señora le deja ver al escritor-remero cuáles han sido sus propósitos al inventar la casa inundada.[67] Durante el viaje de regreso a su país, un arquitecto sevillano le vende los planos para una casa inundada de agua.[68] En esta casa, la señora podrá cultivar su propia agua (no correrá ya el riesgo que corría en los ríos y en los hoteles de Italia, donde el agua se encontraba contaminada de pensamientos ajenos) porque tendrá su propio tanque. Esta agua será, además, simultáneamente un "agua que corre" y un "agua inmóvil", un "agua-concepto" y un "agua-imagen". La casa tendrá un sistema de re-circulación

[62] *Ibid.*, p. 26.
[63] *Ibid.*, p. 27.
[64] *Idem.*
[65] *Ibid.*, p. 28.
[66] *Ibid.*, p. 29.
[67] *Ibid.*, pp. 34-35.
[68] *Ibid.*, p. 34.

interna, que hará posible que el agua corra y se detenga periódicamente. La señora podrá entonces dedicarse en cuerpo y alma a la creación de LCI, en cuanto a su concepto, y en cuanto a su imagen. El agua-pensamiento seguirá siendo un agua prisionera, pero no ya dentro de la señora Margarita, sino dentro de LCI.

En la tercera etapa de su develación, la señora le hace comprender al narrador que ella no escribe LCI no porque no pueda, sino porque no quiere.[69] La señora se ha dedicado en cuerpo y alma a la religión (escritura) del agua, que se ha convertido en el único fin de su vida (es lo único que la consuela y cura sus penas, disuadiéndola de suicidarse y entregar su cuerpo al agua). Pero el aviso del agua es siempre evanescente y su promesa una promesa imposible (como la de un agua que llueve sobre agua). Esto es lo que la señora quiere comunicarle al escritor-remero, cuando lo invita a asistir al "velorio de agua". En esta escena, la señora le demuestra que el proceso escritural es un proceso totalmente solipsista: manda a colgar innumerables regaderas de las paredes de su habitación, y, encendidas las máquinas de re-circulación, éstas comienzan a hacer llover (¿llorar?) agua sobre agua.[70] No obstante la imposibilidad de comunicación que implica, el "espectáculo" satisface enteramente a la señora Margarita. Arrodillada sobre su cama flotante, contempla embelesada cómo el agua prisionera de su pensamiento, luego de llover sobre sí misma, comienza a circular (iluminada por las budineras) por los pasillos de la casa.[71]

Pero si la creación de LCI (como concepto y como imagen) es todo lo que ambiciona la señora, el rito ("espectáculo") de la religión del agua en un sentido permanecerá incompleto, mientras el narrador-remero no le dé literalidad a su creación, mientras no imponga su relato en el mundo como producto que se lee. Para que el rito de la religión del agua tenga sentido, éste necesita revertir a su fin original: hacer posible la comunicación de la señora Margarita con su marido muerto. Es el narrador-remero quien habrá de escribir este relato imperfecto y corrupto, copia del relato perfecto que la señora ya ha creado: el "relato-espectáculo" de LCI. La escena del "velorio de agua" conforma, en este sentido, la señal que la señora le da al escritor-remero para que comience a escribirlo. De la misma manera que, al encender las máquinas, ella hace correr

---

[69] *Ibid.*, pp. 40-41.
[70] *Ibid.*, p. 36.
[71] *Ibid.*, pp. 37-38.

en su presencia el agua-pensamiento por la casa, escribiendo e iluminando sus contornos, él ha de comenzar a dejar correr su escritura por los contornos de LCI. La carta que la señora le escribe al escritor-remero no es sino la reafirmación final de este propósito. En esa carta le exige (como verdadera autora, tiene derecho a ello) que ponga, al final del relato, estas palabras: "Esta es la historia que Margarita le dedica a José. Esté vivo o esté muerto".[72] LCI, por lo tanto, no pretende en lo absoluto la comunicación con sus lectores, sino que es simplemente la ofrenda que la señora Margarita le hace a su marido muerto.

Al concebir la literatura como un quehacer imposible, en fin, consecuencia tanto de la soledad como de la incomunicación, Felisberto crea una escritura no sólo auto-reflexiva, sino auto-generadora. Los relatos de su tercer periodo se escriben a sí mismos, y su escritura es, en este sentido, una escritura literalmente fantástica. En ellos Felisberto, como el narrador-remero de LCI, sirve sólo de amanuense de esa realidad fantástica que sus personajes ya han inventado previamente, como imagen y como acto puro.

Perdida la fe en la comunicación y en la comprensión humanas, Felisberto pone toda su esperanza en el "espectáculo misterioso" de la literatura, y ve este "espectáculo" como un fenómeno con existencia propia, independiente del (e indiferente al) hombre. El escritor es para él sólo un recopilador fortuito, escogido al azar por los personajes, para que le dé permanencia y palpabilidad estética (en la medida en que un libro y sus perecederas páginas puedan tenerla) al "misterio" de la literatura, recopilador cuyo nombre e historia particulares no tienen ninguna importancia.

La auto-generación de los relatos de Felisberto, sin embargo, no se limita a la creación de la ficción por la ficción misma dentro del texto, sino que se proyecta también fuera del texto. Sus lectores son también, al igual que sus personajes, creadores (espectadores) del "espectáculo misterioso" de la literatura. La obra literaria de Felisberto es, por lo tanto, una obra abierta y sorprendentemente moderna, porque ejerce la función de un espejo mágico, cuyas dos caras reflejan una misma escritura fantástica en direcciones opuestas.

[72] *Ibid.*, p. 42.

BIBLIOGRAFÍA

I. Obras de Felisberto Hernández

Libros

La casa inundada y otros cuentos. Barcelona, Lumen, 1975. Contiene: "Prólogo" de Julio Cortázar. "La casa inundada"; "Nadie encendía las lámparas"; "El balcón"; "El cocodrilo"; "El acomodador"; "Lucrecia"; "Menos Julia".

Las Hortensias. Barcelona, Lumen, 1974. Contiene: "Las Hortensias".

Obras completas

Obras completas de Felisberto Hernández. Montevideo, Arca, 1967-1974. Vols. I, II, III y IV.

Vol. I (1969). *Primeras invenciones.* Contiene: "Prólogo" de Norah Giraldi de Dei Cas. *Fulano de tal* ("Prólogo"; "Cosas para leer en el tranvía"; "Diario"; "Prólogo a un libro que nunca pude empezar"). *Libro sin tapas* ("Libro sin tapas"; "Prólogo"; "Acunamiento"; "La piedra filosofal"; "El vestido blanco"; "Genealogía"; "Historia de un cigarrillo"; "La casa de Irene"; "La barba metafísica"; "Drama o comedia en un acto y varios cuadros"). *La cara de Ana* ("La cara de Ana"; "Amalia"; "La suma"; "El convento"; "El vapor"). *La envenenada* ("La envenenada"; "Ester"; "Hace dos días"; "Elsa"). *Cuentos y fragmentos publicados* ("El fray"; "Filosofía del gángster"; "Juan Méndez o Almacén de ideas o Diario de pocos días"; "La pelota"; "Mi primera maestra"). *Cuentos inéditos* ("Mi cuarto de hotel"; "La plaza"; "Primera casa"; "Tal vez un movimiento"). *Poemas* ("Danza española"; "Poema de un próximo libro").

Vol. II (1970). *El caballo perdido.* Contiene: *El caballo perdido; Por los tiempos de Clemente Colling.*

Vol. III (1967). *Nadie encendía las lámparas.* Contiene: "Nadie encendía las lámparas"; "El balcón"; "El acomodador"; "Menos Julia"; "La mujer parecida a mí"; "Mi primer concierto"; "El comedor oscuro"; "El corazón verde"; "Muebles 'El Canario' "; "Las dos historias".

Vol. IV (1974). *Diario de un sinvergüenza y últimas invenciones.* Contiene: "Relatos"; "Fragmentos"; "Diario de un sinvergüenza"; "Estoy inventando algo que todavía no sé lo que es"; "Sobre literatura"; Apéndice.

Obras completas de Felisberto Hernández. México, Siglo XXI, 1983. Vols. I, II, III.

Traducciones

Les Hortenses. Trad. Laure Guille-Bataillon. Prólogo Julio Cortázar. París, Denoel, 1976.

Nessuno accendeva le lampade. Trad. y prólogo Italo Calvino. Torino, Einaudi, 1974.

II. Bibliografía crítica sobre Hernández

Barrenechea, Ana María. "Excentricidad, di-vergencias y con-vergencias en Felisberto Hernández". *MLN.* (Johns Hopkins) 91, 1976, pp. 311-336.

Benedetti, Mario. "Felisberto Hernández o la credibilidad de lo fantástico". *Literatura uruguaya del siglo XX.* Montevideo, Alfa, 1963, pp. 62-65.

Borinsky, Alicia. "Espectador y espectáculo en 'Las Hortensias' y otros cuentos de Felisberto Hernández". *Cuadernos Americanos,* año XXXII, núm. 4, julio-agosto de 1973, pp. 237-246.

Correa, Rafael E. *Una fuga de signos: fragmentación y silencio en la narrativa de Felisberto Hernández.* México, Oasis, 1985.

Díaz, José Pedro. "Felisberto Hernández: una bien cumplida carrera literaria". *Marcha* (Montevideo), año XXII, núm. 1034, 11 de noviembre de 1960, p. 23. (Recogido en *Felisberto Hernández, Notas críticas,* Montevideo, Fundación de Cultura Universitaria, 1970, pp. 33-40.

————, "Felisberto Hernández: una conciencia que se rehúsa a la existencia". *Obras completas de Felisberto Hernández,* vol. IV, Montevideo, Arca, 1967, pp. 69-116.

Echavarren, Roberto. *El espacio de la verdad, práctica del texto en Felisberto Hernández.* Buenos Aires, Sudamericana, 1981.

Fell, Claude. "Un uruguayen solitaire, les contes insolites de Felisberto Hernández". *Le Monde* (París), 14 de mayo de 1976, p. 19.

Giraldi de Dei Cas, Norah. *Felisberto Hernández, del creador al hombre,* Montevideo, Ediciones de la Banda Oriental, 1975.

Holland, Norman S. "The Doll in the Works of Felisberto Hernández". Tesis doctoral en Johns Hopkins, Departamento de Filosofía, Baltimore, 1978.

Huerta, David. "Prólogo". En *Obras completas de Felisberto Hernández.* México, Siglo XXI, 1983, pp. 1-6.

Lasarte, Francisco. "Artistic Trajectory and Emergent Meaning in the Fiction of Felisberto Hernández". Tesis doctoral en la Universidad de Princeton, 1974.

———, *Felisberto Hernández y la escritura de "lo otro"*. Madrid, Ínsula, 1981.

Martínez Moreno, Carlos. "Un viajero falsamente distraído". *Número* (Montevideo), 2a. época, año II, núms. 3-4, mayo de 1964, pp. 159-171.

Medeiros, Paulina. *Felisberto Hernández y yo. Marcha* (Montevideo), 1974.

Nieto, Fred Héctor. "Felisberto Hernández y el cuento fantástico en el Uruguay". Tesis doctoral en la Universidad de California, 1973.

Onetti, Juan Carlos. "Felisberto el 'Naïf' ". *Cuadernos Hispanoamericanos* (Madrid), núm. 302, agosto de 1975, pp. 257-259.

Paternain, Alejandro. "La religión del agua". *Cuadernos Hispanoamericanos* (Madrid), núm. 256, abril de 1971, pp. 83-110.

Pereira de San Martín, Nicasio. "Felisberto Hernández — Les Hortenses". *Caravelle* (París), núm. 30, 1978, pp. 162-164.

———, "Felisberto Hernández — Diario del sinvergüenza y últimas invenciones". *Caravelle* (París), núm. 26, 1976, pp. 247-251.

Rama, Ángel. "Burlón poeta de la materia". *Marcha* (Montevideo), año XXV, núm. 1190, 17 de enero de 1964, pp. 30-31.

———, "Felisberto Hernández, la constelación de los renovadores". Capítulo Oriental, *Fascículo 29*, Buenos Aires, Centro Editor de América Latina, 1968, pp. 449-464.

———, *La generación crítica 1939-1969*. Montevideo, Arca, 1972.

———, "La magia de la materia". *Revista de la Universidad de México* (México), vol. XXI, núm. 6, febrero de 1967, pp. 13-15.

———, Notas del curso "La literatura de Felisberto Hernández y Juan Carlos Onetti". Universidad de Puerto Rico, verano de 1971.

Rivas, Hugo. *"Por los tiempos de Clemente Colling". Felisberto Hernández: notas críticas*. Montevideo, Fundación de Cultura Universitaria, 1971), pp. 45-80.

Rodríguez Monegal, Emir. *"Nadie encendía las lámparas" — Felisberto Hernández*, Buenos Aires, Editorial Sudamericana, 1947. *Clinamen* (Montevideo), año II, núm. 5, mayo-junio de 1948, pp. 51-52.

———, "Los nuevos novelistas". *Plural* (México), núm. 8, mayo de 1972, pp. 11-14.

Rosario, Julio A. "La obra cuentística de Felisberto Hernández. 'Escribir sobre lo que no se sabe' ". Tesis doctoral en la Universidad de Nueva York, 1982.

Sicard, Alain. *Felisberto Hernández ante la crítica actual*. Caracas, Monte Ávila, 1977.

Tato, José Bernardo. "Evocación, erotismo y humor en la obra de Felisberto Hernández". Tesis doctoral en la Universidad de Rutgers, 1973.

Visca, Arturo Sergio. "Felisberto Hernández (1902)". *Antología del cuento uruguayo contemporáneo.* Montevideo, Rex, 1962, pp. 197-201.

Vitale, Ida. "Tierra de la memoria, cielo de tiempo". *Crisis* (Buenos Aires), núm. 18, 1974, pp. 3-14.

Zum Felde, Alberto. *Felisberto Hernández y la narrativa en Hispanoamérica.* Madrid, Aguilar, 1964, pp. 341-347.

―――, *Índice crítico de la literatura hispanoamericana.* México, Editorial Guaranías, 1959, vol. II, pp. 456-463.

―――, *La narrativa en Hispanoamérica.* Madrid, Editorial Aguilar, 1964, pp. 341-347.

―――, "Felisberto Hernández". *Proceso intelectual del Uruguay.* Montevideo, Ediciones del Nuevo Mundo, 1967, vol. III, pp. 195-205. (Recogido en Felisberto Hernández, *Notas críticas.* Montevideo, Fundación de Cultura Universitaria, 1970, pp. 17-25.

III. Bibliografía general

Anderson-Imbert, Enrique. *Historia de la literatura hispanoamericana contemporánea.* 5a. edición, vol. II, México, Fondo de Cultura Económica, 1954.

Alegría, Fernando. *Historia de la novela hispanoamericana.* México, Ediciones de Andrea, 1966.

Bioy Casares, Adolfo. *Antología de la literatura fantástica.* 2a. ed., Buenos Aires, Sudamericana, 1965.

Booth, Wayne C. *The Rhetoric of Fiction.* Chicago, University of Chicago Press, 1961.

Caillois, Roger. *Imágenes, imágenes... ensayos sobre la función y los poderes de la imagen.* Trad. Dolores Sierra y Néstor Sánchez. Buenos Aires, Sudamericana, 1970.

Carilla, Emilio. *El cuento fantástico.* Buenos Aires, Nova, 1968.

Cortázar, Julio. "Del cuento breve y sus alrededores". *Último Round.* Vol. I, 4a. ed. México, Siglo XXI, 1974, pp. 77-78.

Eco, Umberto. *Obra abierta.* Trad. Francisca Perujo. Barcelona, Seix Barral, 1965.

Gómez Gil, Orlando. *Literatura hispanoamericana, antología crítica.* Vol. II. New York, Holt Rinehart, 1971.

Lovecraft, Howard Phillips. *Supernatural Horror in Literature.* 1945; reeditado en Nueva York, Holt, 1973.

Rabkin, Eric. *The Fantastic in Literature*. Princeton, Princeton University Press, 1976.

Rodríguez Monegal, Emir. *Narradores de esta América*. Vol. I. Montevideo, Alfa, 1969.

————, *Literatura uruguaya del medio siglo*. Montevideo, Alfa, 1966.

Supervielle, Jules. *La desconocida del Sena*. Buenos Aires, Losada, 1962.

Todorov, Tzvetan. *Introducción a la literatura fantástica*. Buenos Aires, Tiempo Contemporáneo, 1974.

Vaz Ferreira, Carlos. *Fermentario*. Buenos Aires, Losada, 1962.

————, *Lógica viva*. Buenos Aires, Losada, 1962.

ÍNDICE

Este libro se terminó de imprimir el
7 de septiembre de 1986 en los ta-
lleres de Editorial Melo, S. A., Av.
Año de Juárez 226-D, 09070 México,
D. F. En la composición se utilizó
tipo Baskerville de 11:12 y 10:11
puntos. El tiro fue de 5 000 ejemplares.